HAMBURGER all'italiana

Ricette, segreti e grandi chef in nome del Fast Good

A CURA DI
Francesca Fimiani

FOTO DI
Gianni Ferrero Merlino

EDT

The Italian Job

Ovvero: come la capitale mondiale del cibo rende onore al più mondiale dei cibi

di Joe Bastianich

Sono cresciuto in una famiglia di immigrati ad Astoria, nel Queens, al terzo piano di un edificio in arenaria. Il nostro appartamento si trovava proprio accanto ai binari della sopraelevata e fuori dalla finestra posteriore c'era una di quelle palazzine di McDonald's. Per me, italoamericano di prima generazione, gli hamburger rappresentavano una prelibatezza assoluta. E mentre per i miei amici si trattava probabilmente di cibo quotidiano, in casa mia, dov'ero allevato da ristoratori italiani che si guadagnavano da vivere grazie ai piatti della tradizione, gli hamburger proprio non esistevano.

La nonna portava me e mia sorella a mangiare lì in occasioni speciali. Il mio primo hamburger di McDonald's fu gioia pura, il cibo più dolce e gustoso che avessi mai assaggiato, ed ebbi in tal modo la sensazione di far parte del sogno americano. Per me c'era anche un valore simbolico: se mangiavamo hamburger eravamo dei veri americani.
Man mano che crescevo ho iniziato a mangiarne al Bay Terrace Pool Club, allo zoo del Bronx, a Coney Island, ma la mia storia d'amore ha avuto inizio la sera in cui ho mangiato il mio primo burger alla famosa Peter Luger Steak House di Brooklyn. Realizzato con i ritagli e gli scarti del saporito manzo frollato a secco che utilizzavano per le celebri bistecche, era succoso e ricco di aromi complessi. È stato un autentico attimo rivelatore: la scoperta del paradiso al prezzo di 4 dollari e 25.

Attualmente il mondo americano dell'hamburger di qualità è pieno di autorevoli esempi. Negli ultimi dieci anni, da cibo proletario servito in friggitoria si è trasformato in una delle voci maggiormente rivalutate nei menu dei bar e ristoranti più raffinati. E poiché l'Italia è probabilmente la capitale mondiale del buon cibo, perché non dovrebbe avercelo? Gli hamburger hanno piantato radici ben salde nel territorio della tradizione, da Bari a Bolzano. L'incontro della gastronomia classica e della carne – la cui scelta è quasi un'ossessione per gli americani – con i condimenti e i sapori italiani crea un felice connubio gastronomico. Indiscutibilmente. Grazie all'adozione italiana del maggior emigrante americano il futuro dell'hamburger sembra luminoso. Che si accompagni alla burrata, all'aceto balsamico o alla bresaola, l'Italia potrebbe essere l'unico posto in grado di rendere giustizia al nostro amato tesoro culinario americano.

Traduzione di Anna Lovisolo

HAMBURGER ALL'ITALIANA

A cura di
Francesca Fimiani

Redazione
Valentina Dirindin, Gabriella Zecchinato

Editor
Luca Iaccarino

Foto
Gianni Ferrero Merlino - MYBOSSWAS

Progetto grafico
Giorgio Pellerino

Produzione
Alberto Capano

via Pianezza 17, 10149 Torino
edt@edt.it
www.edt.it

Stampato da
GrafArt, Venaria (TO)
nel mese di settembre 2013

ISBN 978-88-5920-375-9

Questo libro è stampato su carta ecosostenibile

Scaldate le griglie, è l'ora dell'hamburger!

Quanto sono buoni. Tutti lo pensano ma nessuno lo dice. E invece "Hamburger all'italiana" lo grida forte: non è solo di moda, non è solo junk food. Tutti, ai quattro angoli del pianeta, vanno cercando la via al panino perfetto, quello di cui un solo morso è un assaggio di paradiso.

D'altra parte, i burger mettono assieme tutti gli ingredienti della cucina contemporanea: velocità, qualità, gusto, economicità. L'importante è trovare il modo di farli buoni. E, attingendo alla tradizione culinaria italiana, il passo dal fast-food al fast-good è molto breve.

L'inconfondibile stile tricolore in cucina è infatti riuscito a prendere il più globale dei cibi e trasformarlo in un alimento di grande qualità, prodotto con le materie prime migliori, salubre e gustoso allo stesso tempo.
E lo si può fare, comodamente, a casa propria.

In questo divertente ricettario troverete il mondo dell'hamburger in tutte le sue forme: ingredienti, certo; indicazioni sulle materie prime; preparazioni; cotture; accompagnamenti, ma anche storie che riguardano questo meraviglioso panino, dalla sua nascita alle sue declinazioni più contemporanee.
Potrete sfidare le vostre doti in cucina con le ricette dei gourmet di Gabriele Bonci, Moreno Cedroni, Alessandro "Ino" Frassica, Luca Montersino. Oppure andare sul classico, preparando una cena speciale per i vostri amici.

Siete pronti?
Nelle prossime pagine troverete una ricetta adatta al gusto di ciascuno.
E buon appetito.

Sommario

Indice delle ricette

Le basi

Da qualche parte si deve pur cominciare:
la carne, il pane e le salse

LE BASI

La carne

Delle mille e una virtù del vitello italiano

Un hamburger che si rispetti sta dentro i parametri di questa definizione: un medaglione di carne bovina tritata che pesi non meno di 100 gr e non più di 250 gr.
Meno di 100 gr, non vi darà soddisfazione.
Più di 250 gr, vi viene la gotta.
La misura perfetta scelta per le ricette di "Hamburger all'italiana" si stanzia, prudentemente, nel mezzo: sui 130 grammi

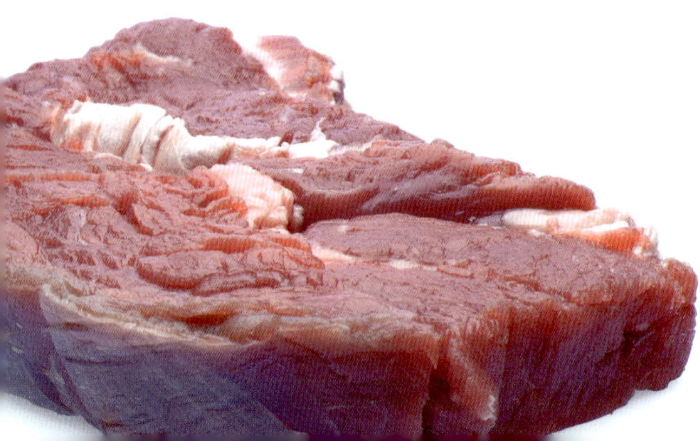

Bovino sì, ma quale?

Un vitello adulto, innanzitutto. I macellai consigliano di usare la carne del quarto anteriore, perché ha la compattezza giusta.
Due ottimi pezzi ad esempio si trovano nel collo del bovino, la **punta** e il **reale**.
È lì che la carne ha una giusta massa grassa, tra il 15 e il 25%, quindi ad hoc per la nostra preparazione, mentre la maggior parte degli hamburger che si trovano già pronti nella grande distribuzione sono fatti di spalla (un po' più magra).

Non è necessario che la carne provenga tutta dallo stesso pezzo. Si possono mischiare vari tagli, dando così profondità al gusto. Uno degli chef più famosi del mondo, **Heston Bluementhal**, per il suo "hamburger perfetto" usa **due parti di fiocco, una di spalla e una di punta di petto**.

In ogni caso, non illudetevi di poter far venire fuori un buon hamburger dal filetto. La perdita nel gusto è altissima.
Delle tante razze di bovino italiane, vi consigliamo di privilegiare la Fassona (o Piemontese) e la Chianina. Ma porte aperte ad hamburger di razza Podolica o Rendena, così come Marchigiana o Sarda.

L'altezza perfetta per una svizzera è 2 cm, più o meno il doppio dell'altezza di un hamburger medio comprato al supermercato.
E si può andare oltre, arrivando a 3 centimetri, facendo però attenzione che il resto della farcitura sia facilmente schiacciabile, pena una lussazione temporomandibolare.

Cottura

E questo è il momento in cui un cuoco dà i numeri.
In una scala da 1 a 10 in cui 1 è crudo e 10 è bruciato, di norma un commensale gradirà, a seconda dei gusti, un hamburger 3, 5 o 7.
3 è il corrispondente dell'inglese **rare**, al sangue.
5 **medium**. Un cuore interno rossastro, fuori ben cotto, sta in padella o su una bistecchiera almeno 3 minuti (1 minuto e 30 secondi sono sufficienti se possedete una piastra doppia, di quelle che si chiudono su se stesse).
7 **ben cotta**. Sono necessari circa 5 minuti di cottura, volendo si può salire ancora un pochino, ma sconsigliamo di continuare troppo a lungo, perché la carne indurita dall'eccesso di cottura è veramente dura da mandare giù.

Il sale

Il sale si mette prima. Insieme al pepe e agli odori graditi dai commensali (che nelle preparazioni complesse ridurrete al minimo, per evitare la sovrapposizione di troppi sapori). Si possono usare sali aromatizzati – dalle comuni salvia e rosmarino, fino alle spezie più audaci – ma consigliamo un uso sapiente (ovvero moderato) di pepe e peperoncino, che non sovrastino il sapore del vitello.

La carne

La parola "hamburger" non deriva da "ham", prosciutto, ma da "Hamburg", la città.

Si chiamava così la bistecca importata dagli europei negli Stati Uniti a fine Ottocento: "Hamburger steak".

Salate la carne ancor prima della macinatura e poi ricordatevi di porre la polpetta, debitamente avvolta nel cellophane o all'interno di un contenitore, nel frigorifero per qualche tempo.
Ah, voi mettevate un pizzico di sale durante la cottura dell'hamburger? Eresia! Chi lo fa, priva piano piano la propria svizzera dei liquidi (del sangue principalmente) aumentando vertiginosamente la probabilità di rendere la carne dura come suola di scarpa.

Dal macellaio...

Un buon macellaio è il miglior amico dell'uomo.
E non tutti i macellai sono uguali.
Così come non tutti i fanatici di hamburger.
Scegliete quindi un taglio di carne a vostro piacimento tra quelli sopra citati e fatevelo tritare sul momento. Una volta non basta. Molti macellai lo triteranno spontaneamente **due volte** (è di quella grana lì il macinato che si usa, spesso, per il ragù). Se volete invece una polpetta ancora più omogenea e delicata, chiedete un terzo passaggio nel tritacarne. E poi a casa, che è ora di mettersi all'opera.

...o da soli?

La vostra cucina è dotata di un tritacarne o di un robot da cucina abbastanza potente? Bene, ecco cosa potete fare.
Tagliate la carne a cubetti di circa 3 cm x 3 cm. Passateli due volte nel tritacarne con il disco dai fori di 3 mm di diametro. Mescolate a mano il macinato e ripetete l'operazione con un disco più grossolano (7 o 8 millimetri potrebbe andare bene). Scegliete voi la consistenza: ripetete ancora l'operazione, oppure passate alla padella.

La carne rimane in frigo fino a poco prima della cottura.
Perché? Per questioni microbiologiche, e di buon senso. A prescindere dalla stagione, si può presumere che nell'ambiente in cui stiate cucinando ci siano circa 18 gradi. Probabilmente di più. Non ci sono buoni motivi per portare la carne a temperatura ambiente prima della cottura, ma solo rischi. Quindi, dateci retta: **tenete la carne in frigo fino all'ultimo**.
Quest'azione ha però una conseguenza: il colore del macinato tenuto al fresco, magari sottovuoto, non è dei migliori. Il vitello perde il colore rosso vivo che avevate ammirato sul banco del macellaio per acquisire un tono cianotico.
Tu chiamala, se vuoi, ossidazione.
Niente panico, quindi: la natura ha fatto il suo corso, non ci sono pericoli per la salute.

Quanto tempo si può conservare la carne?

Dipende.
La premessa d'obbligo è: consumarla fresca è sempre meglio.

La carne

Soprattutto quando la materia prima è scelta accuratamente e di ottima qualità. E vista la disponibilità di tagli eccellenti nelle macellerie di tutta la nazione, non vediamo perché non buttarsi sull'eccellenza.
Una valida alternativa è il **sottovuoto**, che è un ottimo modo di conservare gli alimenti. Permette di allungare la vita del vostro macinato da due a nove-dieci giorni.

La consistenza

Una polpetta di carne che si rispetti, potrebbe sfrangiarsi. È un castello di sabbia di quelli fatti bene. Solido, ma non troppo. Rotondo ma imperfetto.

Il barbecue

Un brivido dentro. Quei tocchi di brace.
Il grasso che cola dalla griglia. Il frigorifero portatile che elargisce lattine.
Ah, che bel gesto e che meravigliosa compagnia.
Ma per mangiare un hamburger veramente perfetto, dovrete:

1. preparare una polpetta più soda e solida;
2. girarlo molte volte nel tentativo di non bruciarlo;
3. tenere la griglia alta e scongiurare all'istante le fiammelle.

Anche seguendo il manuale del buon "barbecuatore", ci sono buone probabilità che il vostro hamburger risulti più asciutto di uno preparato in padella. Soluzione? Dateci dentro con le salse.

La padella

Secondo noi (ma anche secondo il megachef **Hubert Keller**, per dire) è la scelta migliore. Per la conduzione del calore è ottimale una padella in **ghisa** (cast-iron) o in rame, ma in loro assenza anche l'anti-aderente di tutti i giorni farà il suo sporco, godurioso lavoro.

La piastra

Non tutte le cucine la hanno, ma chi la possiede ne faccia buon uso.
Un'attenzione particolare al calore: meglio conoscere prima la potenza.

La bistecchiera

Certo. L'alternativa comoda e con minor grassi. Ma viene al secondo posto dopo la padella.

LE BASI

Il pane

Magie d'acqua e farina

Il grande protagonista di un hamburger dev'essere la carne.
E il pane è il suo wingman. *L'amico fidato.*
Oppure la fidanzata, quella giusta.
Quella a cui si può dire, timidamente, sulla soglia di casa: "tu mi completi".
Il pane da hamburger contiene e contrasta, ma non sovrasta.
La parola d'ordine è, quindi, semplicità

Ai semi di sesamo

Il pane

Dovendo lasciare spazio al succoso presentarsi tra le fauci del medaglione di vitello nascosto tra le foglie d'insalata, è importante che la pagnotta abbia una certa morbidezza sia nella crosta che nella mollica (tale da permettere di addentare il panino senza slogarsi la mascella), che si possa contare sulla sua compattezza (evitando di esplodere in mille briciole al primo morso) e, infine, che dimostri ampia capacità di assorbire i deliziosi liquidi del burger.

Si possono scegliere tagli di panino a piacere, purché di dimensioni degne: rosette, tartarughe, spaccatelle, bocconcini... che in ogni parte d'Italia vengono modellate su forme e grandezze diverse.

La **crosta**, lo ribadiamo, non troppo croccante. Si può scegliere la **dolcezza**: semidolci, pane brioche, ma è più facile che questi formati si trovino dal panettiere a mo' di sfilatino, allungati, e quindi meno adatti alla preparazione. Ottimo del pane senza sale. Ben vengano lievitazione naturale o a pasta madre.
Le aromatizzazioni si possono evitare: niente pane al latte, alla zucca, alla cipolla... Gli aromi è meglio usarli freschi, all'interno del panino.

Nella tradizione americana il classico *bun* (pagnotta) per i burger è un panino dolce. Aumenta così il contrasto con la carne, leggermente salata, resa ancor più saporita dai semi di **sesamo**. Ma siamo in Italia e l'ampia scelta di pagnotte nella cesta del fornaio ci permette di controllare l'eccesso di zuccheri della preparazione americana, cosa che consigliamo.
Se con questo vi abbiamo ferito nell'estro, buttatevi sui **semi**: papavero (si dice che se ingerito in dosi importanti sia persino afrodisiaco), il già citato sesamo, zucca, lino, girasole, volendo persino finocchio, canapa, cardo o anice. De gustibus.

Tostatura

Tagliate a metà il vostro panino e scaldatelo **due minuti** – la faccia piatta in basso – su una bistecchiera o una piastra già calda, per circa 60 secondi.
La faccia piatta del pane prende così una leggera abbronzatura.
In senso squisitamente cromatico, lo si caramellizza.

Scordatevi il microonde, rende il pane molliccio. Il forno in modalità grill può essere una valida alternativa, ma si rischia che il pane si secchi irrimediabilmente. Il segreto: poco tempo, tanta attenzione. Non perdetelo mai di vista.

In breve

Scegliete il pane in base alla sua morbidezza, alla consistenza e alla capacità di assorbire liquidi.
Crosta sottile, morbida, antibriciola.
No pane aromatizzato, al latte o troppo salato.
Guarnite con semi a vostra scelta.

Alternative

Bagel
Ecco il buco con il panino attorno, parafrasando la celebre pubblicità delle caramelle. Nato nella tradizione nordeuropea e contaminato da quella latina, può essere farcito comodamente, con quel pizzico di attenzione in più perché, nel caso non fosse chiaro, al centro c'è un buco!
Leggermente stravagante, non intacca il gusto del panino, ma richiede solo un po' di attenzione in più nella gestione della farcitura. Da provare.

Il Toast
Contro le aspettative, il toast con l'hamburger dentro non viene niente male. Provatelo senza insalata ma con ketchup, maionese e formaggio.
E per mangiarlo meglio, dividetelo a metà o in 4 triangolini, come se fosse un club-sandwich.

Ai semi di zucca

Ai semi di girasole

Il pane per l'hot dog

Le salse

Ops, mi sono sporcato la camicia

*Se vi sembrano un inutile riempitivo,
vi sbagliate: sono il non plus ultra del panino.
Se fatte in casa, sono anche sane e leggere*

KETCHUP

Il ketchup in America – anche se l'origine è orientale, lo sapevate? – è un po' come il ragù in Italia: ogni nonna ha la sua ricetta, e ogni famiglia custodisce il segreto per una salsa migliore di tutte le altre. Se un amalgama perfetto degli ingredienti davvero esiste, probabilmente è rinchiuso nella camera blindata di qualche multinazionale del fast food, ben lontano da occhi indiscreti. Detto questo, eccovi la nostra ricetta – un po' italianizzata, ché ai gusti americani non sempre siamo abituati – per fare in casa una gustosa salsa ketchup con cui condire i vostri hamburger.

Ingredienti

800 gr di pomodori pelati
1 cipolla dorata
olio
120 ml di aceto di mele (rispetto a quello di vino, darà alla salsa un sapore meno acidulo e un colore meno bruno)
1 cucchiaio e mezzo di sale
80 gr di zucchero di canna
1 cucchiaio di pomodoro concentrato
spezie (pepe, paprika dolce, zenzero, cannella, noce moscata)

Fate soffriggere una cipolla tagliata grossolanamente (se volete rendere la ricetta ancor più tricolore, fate un **soffritto** tradizionale aggiungendo un po' di sedano e un po' di carota).
Mettete nel frullatore i pelati, il soffritto, il sale, l'aceto e lo zucchero. Per ottenere una consistenza meno liquida, aggiungete anche un cucchiaio di pomodoro concentrato. Prima di frullare il tutto, condite con un mix di spezie dosate a vostro piacimento. Il ketchup all'americana è parecchio speziato, ma non a tutti piace. Indispensabili nella ricetta sono un cucchiaino di **pepe** e un po' di **cannella**, ma si possono aggiungere anche zenzero, noce moscata e paprika dolce. Se vi piacciono i sapori forti e volete dare un pizzico di brio alla vostra salsa, un peperoncino non ha mai fatto male a nessuno. Ora, via con il frullatore. Prendete il composto ottenuto e fatelo bollire per almeno un'ora, finché non raggiunge la consistenza desiderata (un trucchetto da ricetta "fast": aggiungete un cucchiaino di maizena per far addensare la salsa più velocemente). Fate raffreddare il vostro ketchup e conservatelo in frigo almeno mezza giornata prima di servirlo.

Le salse

MAIONESE

Ah, la maionese. Croce e delizia della cucina europea, che la usa un po' dappertutto. Perfino sulle patatine, come raccontava in Pulp Fiction uno schifato Vincent Vega di ritorno dalla Francia. La preparazione della maionese è insidiosa: appare come quanto di più semplice ma dietro l'angolo c'è il rischio che impazzisca, cioè che gli ingredienti non si amalgamino bene formando una poltiglia anziché una salsa. Per evitarlo, occorre seguire meticolosamente le regole (non è una ricetta per pigri) e avere un po' di pazienza.

Ingredienti

2 tuorli
250 ml di olio di semi
un cucchiaino di aceto
il succo di mezzo limone
sale e pepe

Per prima cosa, fare ben attenzione che tutti gli ingredienti siano a temperatura ambiente. Mettete in una ciotola i due tuorli, precedentemente ben separati dagli albumi e conditeli con un pizzico di sale e pepe. Aggiungete un cucchiaino di aceto (che può essere sostituito da un cucchiaino di **senape**, ingrediente meno conforme alla tradizione ma che aiuterà l'amalgama). Iniziate a lavorare gli ingredienti con una frusta a mano (come faceva la vostra nonna) o con uno sbattitore elettrico (ma a velocità moderata). Continuando a sbattere, versare l'olio a filo sottile, poco alla volta. È fondamentale continuare a mescolare nella maniera più costante possibile, senza interruzioni e sempre nello stesso senso. Una volta ottenuta la salsa, aggiungere il succo di limone e finire di amalgamare. Se necessario, aggiustare di sale e pepe.
Per i vegani – che forse hanno sbagliato a comprare un libro sugli hamburger, quindi diciamo per chi vuole mantenersi leggero – c'è anche la possibilità di fare la **maionese senza le uova**. Le nostre nonne inorridiranno, ma il risultato non è male. Si ottiene questa salsa mescolando in un mixer 100 ml di latte di soia con 100 ml di olio extravergine di oliva (meglio di quello di semi in questa seconda preparazione, che necessita di maggiore vigore) e aggiungendo due cucchiaini di senape, due cucchiaini di succo di limone e un cucchiaino di sale. Il tutto va mescolato fino al raggiungimento di una crema del tutto simile alla tradizionale maionese.
Se avete un frullatore a immersione – meglio se con la velocità regolabile – sarete ancora più veloci: accendete le pale al minimo della potenza e risalite lentissimamente dal basso del contenitore verso l'alto. Un minuto e la vostra maionese è pronta.

SENAPE

Alt! Per fare la senape serve tempo. In primis per trovare l'ingrediente base, la senape, appunto. In secundis perché va fatta riposate un po' di ore. Quindi, se avete gente a cena stasera, tocca andare al supermercato. Chi invece è partito con anticipo, legga pure oltre.
Come dice la Bibbia, i semi di senape sono piccoli, certo, ma fosse questo il problema... È che la grande distribuzione li snobba. Dovrete affidarvi a un mercataro di fiducia oppure cercare in negozi specializzati.

Ingredienti

50 gr di senape
aceto di vino bianco
7 cucchiaini d'acqua
20 gr di zucchero (preferibilmente di canna)
un pizzico abbondante di sale
olio extravergine d'oliva

Lasciare tutta la notte la senape a bagno nell'aceto è una buona idea: i chicchi si gonfiano e sono più docili al mixer, ma è anche vero che la casa già prende l'odore forte e acidulo della senape. De gustibus. Se optate comunque per il bagnetto acetoso, dovrete poi pestare (se avete un **mortaio** e olio di gomito) o frullare questa manciata di semini con l'acqua, lo zucchero (c'è chi preferisce il miele) e il sale.
L'olio lo butterete sopra a filo mentre il mixer ancora gira.

In alternativa si possono ridurre in polvere i semi di senape subito, aggiungere l'acqua e il sale e lo zucchero e solo per ultimo l'aceto. Ma bisogna poi lasciar riposare il composto per un po' in frigo, possibilmente qualche ora.

Il tocco di classe? Un pizzico di **curry**, se piace.
Attenzione! Le salse fatte in casa non si conservano oltre le due settimane (la maionese molto meno).

Le ricette

Panini golosi, per tutti i gusti

1. Il Classico
2. Il Giallo, Rosso e Verdone
3. Il Poetico
4. Il Classico con verza
5. Il Doppio burger
6. Il Classico con formaggio
7. Il Santa Maria Novella
8. Il Brioso
9. Il Panciotto
10. L'Hamburger dell'universitario
11. Il Vegetariano
12. L'Agrodolce
13. Lo Strolghino
14. Il Ciccioformaggio
15. Il Beeeh Burger
16. L'Imbufalito
17. Il Ligure
18. Il Greco
19. L'Hambruscher
20. Il Palli-do-pollo
21. Il Cotoletta
22. Il Tacchino
23. Il Pescepane 1
24. Il Pescepane 2
25. Il Pescepane 3
26. Il Salsicciotto
27. Il Salsicciotto 2
28. Il Kebabun
29. Il N-Uovo

1

Il Classico

*Quarto di libbra senza formaggio**

*
Il titolo nasce dal nome del panino americano più classico il "Quarter pounder". Vi ricordate Pulp Fiction?

Il vostro primo hamburger sarà uno spettacolo, ma ha bisogno di una certa ritualità.
Una struttura in tre atti, con qualche pausa per godersi, come direbbero i sommelier, il "giusto accompagnamento". Perché preparare questo panino è semplice, sì, basta qualche piccola accortezza. Cominciamo.

Prologo: una padella, una polpetta di carne tritata di vitello, una foglia d'insalata e due fette di pomodoro. Questi i "quattro dell'Ave Maria" che potrebbero bastarvi per un morsetto di paradiso.
Nel frigo c'è la vostra bibita preferita. Una birra, per esempio. Si dice che gli hamburger preferiscano le bionde. Probabilmente è falso, ma se anche fosse vero, potreste spaziare da una birra Hefeweizen a un bicchiere di vino Gewurztraminer.

Il macinato – che avete scelto e personalizzato seguendo i consigli a pagina 13 – è stato appena estratto dal frigo ed è ancora una massa rossastra senza forma. Aggiungete un pizzico di sale e di pepe, anche della paprika forte, maggiorana o erba cipollina, e non abbiate paura di sporcarvi le mani (si possono usare anche un cucchiaio o una spatola per amalgamare bene il tutto, sì, ma che gusto c'è?).
Una volta condita la carne, bagnatevi le mani con dell'acqua corrente e procedete a dare forma alla polpetta. Senza l'aiuto dell'acqua, il macinato vi rimarrà attaccato ai polpastrelli e sarà più difficile modellare una svizzera grande quanto un pugno e alta circa 2 cm, più o meno il doppio di quella che si trova normalmente al supermercato.
È importante mantenere la carne fredda in ogni momento della lavorazione. Piuttosto che lasciarla lì, sul ripiano, mettetela nuovamente in frigo (ma senza coprirla, che si ossidi un pochino).

1

Il classico

Quarto di libbra senza formaggio

Il cetriolo è un ingrediente controverso. La ricetta originale lo prevede sott'aceto, ma lo rende inviso al palato di molti. Se siete certi che i vostri cetriolini sott'aceto non siano troppo acidi - perché fatti in casa, magari, o semplicemente acquistati da ottimi produttori - allora non abbiate paura. In alternativa usatelo crudo a fettine oppure à julienne

Atto primo: la padella, in cui avete versato dell'olio extravergine d'oliva, è già calda. Raggiungerà la temperatura giusta quando vedrete l'olio danzare come se fosse attraversato da invisibili pesciolini.
Bene. È il momento. Avrete discusso in precedenza con i vostri commensali il livello di cottura della carne desiderato. Possono bastare 90 secondi per lato per un hamburger al sangue, arrivando fino al quadruplo, a seconda dei gusti, per un hamburger ben cotto.
È sufficiente girarlo una volta soltanto. Ma se siete quel tipo di cuoco che ama stare lì, chiacchierare e girare e rigirare, fate pure, con una certa attenzione a non schiacciare troppo l'hamburger e a non renderlo troppo croccante.

Atto secondo: dividete il pane a metà e scaldatelo in forno o sulla piastra stessa finché le facce piatte non siano leggermente dorate. Sulla calotta "base" spalmate un filo di maionese. E poi due o più fette di pomodoro alte circa 4 mm (facendo attenzione che coprano l'intera circonferenza del panino).
Nel frattempo la carne è sicuramente cotta. Con un cucchiaio raccogliete un po' del liquido rimasto in padella e versatelo sull'hamburger, lo renderà più gustoso. Adagiate la carne sul pomodoro e appoggiatele sopra a mo' di gonnellino una fetta, svolazzante, di insalata. A piacere si aggiungono altre salse come ketchup o senape. Se sentite un forte desiderio di vinaigrette, passate alla ricetta a pagina 70.

Atto terzo: si copre con la calotta superiore e si fa in modo di tenere caldo il panino. Un buon metodo è quello di avvolgerlo in un foglio di carta oleata e passarlo un minuto nel forno-grill.
Addentate pure. È pronto. Ehi, chi s'è bevuto la mia birra?

!!!

È severamente vietato schiacciare l'hamburger durante la cottura. Una tentazione a cui bisogna resistere, altrimenti la vostra carne perderà troppi dei suoi meravigliosi succhi per diventare più dura e meno gustosa

Consiglio

Attenzione all'insalata: quella con la croccantezza giusta è la varietà "ghiaccio" o "iceberg"

Ingredienti

PANE

MACINATO DI VITELLO PER HAMBURGER

POMODORI A FETTE

INSALATA ICEBERG

SALSA MAIONESE / KETCHUP / SENAPE

UN PIZZICO DI SALE, DI PEPE E DI SPEZIE A PIACERE

2

Il Giallo, Rosso e Verdone

Ma pur sempre peperone

Piccante. Dolce. Saporito. La scelta del peperone è specchio del carattere di ciascuno. Gli amanti del giallo – il più leggero – non hanno fama di attaccabrighe. Il rosso è più gustoso e scenografico. Adatto a chi si sente bello, che sia un corno, un lungo o un tomaticot. Poi ci sono i seguaci del piccante. Nessun timore della Geenna papillare che li aspetta. Quelli sì che hanno fegato. Gli stomaci provenienti da Marte, invece, possono osare con il crudo. E poi mandare una navicella per raccontarci il day after.

Qualunque sia il vostro beniamino, mettetelo nel sacchetto.
Dopo averlo sciacquato bene, asportando con cura i semini all'interno, appoggiatelo nel forno già caldo fin quando la pelle del peperone non fa le bolle. In genere una ventina di minuti a 250°.
Una volta estratti, chiudete i peperoni in un sacchetto di plastica (di quelli spessi, adatti ai surgelati). Sotto la volta trasparente c'è un microclima subtropicale che vaporizzerebbe la piega di vostra nonna. E aiuterà anche la pelle del peperone a staccarsi senza far imprecare il cuoco o la cuoca.

In una padella, nel frattempo, si sta scaldando un dito d'olio.
È l'ora del bagnetto! E ciaf! I peperoni che avete tagliato in listelle sottili se ne stanno ora qualche minuto a navigare tra le bollicine, senza coperchio. Sfrigolano, ed è un bel rumore. Ancora due minuti e arriverà la carne a far loro compagnia. Cuociono assieme, e stanno bene.

Lasciate riposare carne e peperoni qualche secondo su un foglio di carta assorbente e poi appoggiateli nel panino, concludendo con una foglia d'insalata, che condirete a piacere (l'olio, per carità, evitatelo che ce n'è già a sufficienza).

L'ALTERNATIVA
Provate anche l'alternativa: friggitelli saltati in padella con aglio e olio extra-vergine d'oliva

Consiglio

Peperoni + semi di papavero, una grande accoppiata.
Aggiungerà un pizzico di afrodisiaco al vostro panino

Ingredienti

PANE

MACINATO DI VITELLO PER HAMBURGER

POMODORI A FETTE

INSALATA ICEBERG

PEPERONE ROSSO

SALSA MAIONESE / KETCHUP / SENAPE

UN PIZZICO DI SALE

3

Il Poetico

Oh Tropea, Tropea, perché sei tu Tropea?

Talmente perfetta che Pablo Neruda le ha dedicato una poesia, la cipolla di Tropea non solo è il tocco giusto per un vero "Hamburger all'italiana" ma è quel qualcosa in più: più dolce, ma lo stesso saporita, più delicata, più digeribile. Rossa, tagliata da polo a polo (come i puristi consigliano, per mantenere il sapore più forte) o tagliata a rondelle (se l'occhio vuole la sua parte) e poi appoggiata per ultima, proprio a contatto con il pane. È la morte sua.

Ma la si può anche cuocere.
La tecnica qui sotto l'abbiamo imparata in Oklahoma, dove risiedono gli esperti dell'hamburger più cipolloso d'America, il "Depression burger".
Si mette in padella un filo d'olio e si fa un letto di cipolle, che appassiranno in qualche minuto. Si stende allora la palla di carne tritata e pressata proprio su quel letto e lo si schiaccia a sufficienza (mai troppo! Vedi pagine 11-14), in modo che si sfaldi leggermente e la cipolla entri, quasi, tra le fibre.
Così, girando l'hamburger per perfezionare la cottura, la cipolla resta sopra.
Nata negli anni Venti, questa tecnica di cottura permetteva di ingrossare il panino con un ingrediente poco costoso, la cipolla appunto, e di usare invece pochi *pence* di carne.

*

CON GLI AVANZI
Passate la cipolla avanzata in una pastella di farina, poca acqua, qualche goccia di birra e un pizzico di sale. Poi in padella, dove l'aspetta tanto olio extravergine d'oliva bollente. Un accompagnamento perfetto per il vostro panino

Consiglio

Esagerate pure con le quantità: un hamburger che non straripa, è un'esperienza incompleta

Ingredienti

PANE

MACINATO DI VITELLO PER HAMBURGER

POMODORI A FETTE

INSALATA ICEBERG

MEZZA CIPOLLA DI TROPEA TAGLIATA A RONDELLE

SALSA MAIONESE / KETCHUP / SENAPE

UN PIZZICO DI SALE

4

Il Classico con verza

La scelta del cavolo

Secondo la secolare tradizione tedesca in questo campo – e intendiamo proprio quello con terra e ortaggi – esistono più di cento ricette per la preparazione dei *Sauerkraut. Ja!*
Prevedendo che non abbiate tempo per le quattro settimane necessarie alla fermentazione, per mettere un tocco di Germania all'interno del nostro panino italo-americano, è necessario fare delle scelte.
La più semplice è affidarsi alle conserve, se ne trovano di eccellenti soprattutto nei supermercati che strizzano l'occhio al Nord Europa, facendo attenzione che non siano troppo acide. Se invece volete passire la verza da soli, vi servirà una padella, un po' d'olio e venti minuti di pazienza.

Al mercato puntate quindi dritti alla verza dalle foglie più morbide, anche se qualcuno obietterà (a ragione) che la croccantezza del cavolo cappuccio si sposa bene con questa preparazione. Ma fidatevi, comunque.
Si taglia la verza in strisce sottili e non troppo lunghe e la si mette a cuocere in padella con olio, cipolla bianca e un pizzico di pepe. Si aggiunge un bicchiere di vino bianco e si copre con un coperchio in modo tale che abbia tempo di ammorbidirsi. A seconda della grandezza dei listellini può occorrere da mezz'ora a un'ora. Levate il coperchio e lasciate ritirare, e poi raffreddare. Fatto!
Per concludere in bellezza, aggiungete un cucchiaino di senape.

Consiglio

Aggiungi ai crauti un cucchiaio di zucchero di canna e lasciali caramellare. Sorpresa! Per un panino agrodolce

L'ALTERNATIVA
Provalo anche con il cavolo cappuccio

Meglio levare i semi di pomodoro. Non si sposano con la verza

"La morte sua!"
La senape fatta in casa (trovi la ricetta a pag. 21)

Ingredienti

PANE

MACINATO DI VITELLO PER HAMBURGER

POMODORI A FETTE

CAVOLO VERZA

CIPOLLA BIANCA

UN BICCHIERE DI VINO BIANCO

INSALATA ICEBERG

SALSA MAIONESE / KETCHUP / SENAPE

UN PIZZICO DI SALE E DI PEPE

5

Il Doppio burger

Se stanno insieme, ci sarà un perché

*

CURIOSITÀ
Il primo double-burger è stato servito in Kansas nel 1916 nella prima catena di fast food del Paese: "White Castle"

Sedetevi. Questo panino ha un carico proteico importante.
Se per il "quarto di libbra senza formaggio" alle pagine 25-27 vi è servita una birra d'accompagnamento, fate in modo che non vi manchi neanche in questo caso. Se siete proprio molto assetati, potete tentare la doppietta. In questa ricetta, infatti, la più amata dagli under 21, la più carica, la più alta (nel senso mascellare del termine) è tutto doppio: dalla palla di carne allo strato di verdure, che vanno sia sopra che sotto.

L'idea di dividere in due la polpetta di carne per cuocerla più velocemente è di Mr. Anderson, nel 1916, in Kansas. Fino ad allora, tutto gravava sulle spalle di un unico medaglione di carne, molto spesso, la cui sorte era quella di cuocere molto a lungo su una griglia o una piastra bisunta, per scongiurare possibili contaminazioni batteriche.
Ma Mr. Anderson vuole aprire una nuova attività, che offra un piatto caldo ai lavoratori che non possono tornare a casa tra un turno e l'altro. Le parole d'ordine sono buono e veloce. Si fa consegnare la carne due volte al giorno, perché sia sempre fresca. La cucina dietro un vetro in modo tale che l'avventore si possa rendere conto di cosa finisce nel suo panino. Ma soprattutto decide per primo di ridurre il peso della carne, in modo da poterla cuocere più velocemente. Piuttosto, per chi vuole, si moltiplicano le polpette. Il successo è grande.

P.S. preparate questo panino seguendo la ricetta a pagina 27. E non lesinate con gli ingredienti!
P.P.S. Nessuna delle due polpette di carne va a contatto diretto con il pane. Da un lato, il pomodoro; dall'altro l'insalata e le salse lo proteggono dall'inzupparsi dei liquidi dell'hamburger, che lo renderebbero molliccio e poco appetitoso.

Consiglio

Schiacciare un panino così ricco può creare incidenti. Vi aiuterà un tostapane a chiusura, se l'avete. Altrimenti potete stringerlo bene in uno o più fogli di carta oleata e poi passarlo nel forno o nel grill a 100 gradi circa, per una manciata di secondi. Ne migliora l'addentabilità

Consiglio

Macinate da soli la carne per il vostro panino. Come? Lo trovate a pag. 13

Ingredienti

PANE

MACINATO DI VITELLO: CIRCA 200 GR DIVISO IN DUE PARTI

POMODORI A FETTE

INSALATA ICEBERG

CIPOLLA

SALSA MAIONESE / KETCHUP / SENAPE

UN PIZZICO DI SALE

6

Il Classico con formaggio

Il cugino di campagna

Si racconta che i primi a sciogliere del formaggio sulla carne siano stati i vaccari del Midwest. In un posto in cui d'inverno fa molto freddo, è difficile procurarsi verdure fresche. E allora si proponeva mucca in ogni sua espressione, dalle morbide carni al suadente formaggio.

E che formaggio. La ricetta originale americana prevede il *cheddar*, che è denso, rotondo sia nei grassi (è tra i formaggi più pannosi che ci siano) che nel sapore e ha un bel color ocra che dà, al panino, quel non so che di struggente.

In Italia non produciamo un formaggio così, ma ne abbiamo decine di assolutamente migliori! Che ricchezza. Variate e sperimentate. Per un cheeseburger classico sconsigliamo i caprini, troppo acidi, e i formaggi troppo stagionati (come i caci, ad esempio). Sono scelte molto azzeccate le tome, l'Asiago, l'Emmental e i formaggi semiduri a pasta filata come il caciocavallo o il Silano (per spaziare dalle Alpi al Tavoliere). Alcuni dei formaggi citati sono molto saporiti: meglio privilegiare quelli che non hanno un gusto troppo deciso, perché – lo ripetiamo – il protagonista, nell'hamburger, deve restare la carne.

Le regole sono soltanto due: tagliare la fetta di formaggio molto sottile, oppure affidarsi a un "formato sottiletta", che si scioglie benissimo.
E poi, appoggiare la fetta di formaggio sulla faccia superiore del vostro medaglione di carne quando mancano solo un paio di minuti alla fine della cottura. Guardate, un angolino si sta sciogliendo e cade in piccole gocce nell'olio caldo. Raccogliete quel po' d'olio con un cucchiaio e riversatelo lentamente sull'hamburger. Scivolerà via dalla fetta di formaggio, ma contribuirà alla sciogllievolezza del tutto.

★★★

UN TOCCO DI CLASSE

La cipolla caramellata. Come nella ricetta alla pagina seguente, ma aggiungendo un cucchiaio di zucchero di canna all'inizio della cottura

*

CURIOSITÀ

Il primo hamburger è stato servito a Saint Louis, nel Missouri, nel 1904

Ingredienti

PANE

MACINATO DI VITELLO PER HAMBURGER

POMODORI A FETTE

INSALATA ICEBERG

DUE FETTE DI TOMA

SALSA MAIONESE / KETCHUP / SENAPE

UN PIZZICO DI SALE E DI PEPE

7

Il Santa Maria Novella

Chiare, fresche e dolci pecore

Narriamo qui le gesta di un panino rinascimentale, che sfodera l'arma non convenzionale del pecorino di Pienza, quello dolce, morbido, suadente. Un hamburger, questo, che aiuta la favella. Perché è talmene "bono" che vale la pena raccontarlo a destra e a manca. Lo dedichiamo alla stazione ferroviaria più famosa di Firenze, che prima di ospitare tanti fast food conosceva l'antenato dell'hamburger all'italiana: la porchetta.

Del pane "sciapo" di contorno; una bella svizzera di Chianina – salata giusto un poco, il pecorino è assai saporito – nel mezzo; e il gusto classico delle due fette tagliate spesse di pecorino di Pienza dop. Stringete bene il panino senza dimenticarvi di adagiare un cucchiaio di cipolle su tutto, come ultima cosa. Poi stappate una bottiglia di Chianti.
Toscanizzare l'hamburger è cosa proprio giusta.

Trovi la ricetta per una maionese leggera, fatta in casa, a pag. 20

★★★

TOCCO DI CLASSE
Una melanzana grigliata e una fettina di lardo

Consiglio

Se vuoi fare il figo, usa lo scalogno (cit. chef Carlo Cracco)

Ingredienti

PANE

HAMBURGER DI CHIANINA

CIPOLLE CARAMELLATE

INSALATA ICEBERG

VERDURE A SCELTA: CETRIOLI, CIPOLLA,
MELANZANE GRIGLIATE O SOTT'OLIO

DUE FETTE TAGLIATE SPESSE DI FORMAGGIO DI PIENZA

SALSA MAIONESE / KETCHUP / SENAPE

UN PIZZICO DI SALE E DI PEPE

8

Il Brioso

Cosa resterà degli anni Novanta

C'è stato un tempo in cui la rucola era molto famosa.
Un decennio in cui si diceva "basta!" all'insalata che non sa di niente.
La vogliamo pungente, amarognola e verdissima. Erano i tremendi anni Novanta, e non c'era pizza, panino o star della tv che non amasse la rughetta. Prima dell'onnipresenza della valeriana. Prima dei germogli di soia.

Contrastiamo la moda riproponendovi questo ingrediente 1.0, protagonista di una ricetta bilanciata, che con la dolcezza del formaggio sfida la punta d'amaro della rucola. Ma nell'insieme risulta light sia allo stomaco che al palato.

Cuocete la carne come nella ricetta a pagina 26 ma aggiungete il formaggio solo alla fine. Con la crosta. Tagliate la rucola finemente con poca cipolla. Conditela con un filo d'olio e sale.
Sconsigliato l'uso delle salse se non un velo di maionese. Che vi pulirete NON sulla preziosa camicia a quadri grunge, *à la* Kurt Cobain, ma sulla maglietta fluo "I love rucola".

Provatelo con un pizzico d'erba cipollina

IMPRESCINDIBILE
Passare il panino intero nel forno caldo per due minuti prima di addentarlo

Consiglio

Aggiungendo un albume al macinato, avrete un hamburger più compatto

!!!

ATTENZIONE
Poca maionese. Giusto un velo

Ingredienti

PANE

MACINATO DI VITELLO PER HAMBURGER

INSALATA RUCOLA

UN PAIO DI FETTE DI FORMAGGIO BRIE

VERDURE A SCELTA: CIPOLLA

UN PIZZICO DI SALE

9

Il Panciotto

Un panino in doppiopetto

*

CURIOSITÀ
Tra italiani si dice burgher, ma a fare i precisini si dovrebbe leggere bèèghe.
Alla U non vi dovete neanche avvicinare. E la R è muta, parafrasando Quentin Tarantino

I legionari romani ricevevano ogni tre giorni una razione di pancetta o lardo per affrontare la battaglia. Pace fatta, quindi. L'ingrediente, sì, è un po' grasso ma anche per noi gladiatori del nuovo millennio ogni tanto ci vuole.
Di pancette, però, ce ne sono tante. Cercatene una stesa e stagionata, ma non affumicata.
Il bacon delle ricette americane è dolce e leggero, mentre nello Stivale l'affumicatura è più forte. Noi, con le dovute eccezioni, la preferiamo "no smoking". E tagliatela a fette alte almeno 0,5 cm.
Privilegiate le varietà più vicine a voi: il guanciale al centro (anche Gabriele Bonci nella ricetta a pagina 89 lo consiglia), la trentina all'aglio, il rigatino toscano, la friulana dolce...
Indovinate un po': più grassa è, più interessante sarà il sapore finale.

Per una ricetta più light, non cuocete hamburger e pancetta nella stessa padella. Meglio dividerle aggiungendo una bistecchiera, per non mescolare i grassi delle due carni. Quando sarà ben calda, appoggiatevi le strisce fino a quando non diventano croccanti, di un rosso più cupo, le striature di grasso non più bianche ma trasparenti. Ci vuole un po' più tempo rispetto alla carne di bovino.
Se invece non siete in vena di sporcare due padelle: prima la pancetta, poi la carne. C'è spazio per tutti.

Montate il panino senza dimenticare le salse e lasciatelo riposare per una decina di secondi. Poi passatelo due minuti dentro il forno caldo (o nel microonde in modalità grill) a 100 gradi.

Consiglio

La "porcata"
Raccogliete il grasso che si è sciolto durante la cottura del bacon e spalmatelo, meglio se con un pennellino, su una delle due calotte di pane. Poi andate a immolarvi sull'altare della dieta

Il barbecue
Avvolgendo con le fette di pancetta avanzate dei gamberi e poi passandoli sulla griglia con uno spiedino farete un figurone

Ingredienti

PANE

MACINATO DI VITELLO PER HAMBURGER

POMODORI A FETTE

INSALATA ICEBERG

QUALCHE FETTA DI PANCETTA AFFUMICATA

VERDURE A SCELTA: CETRIOLI, CIPOLLA

SALSA MAIONESE / KETCHUP / SENAPE

UN PIZZICO DI SALE

10

L'Hamburger dell'universitario

La ricetta da 30 e lode

La top5 dell'hamburger nel cinema
1. Pulp fiction
2. American Beauty
3. Will Hunting - Genio Ribelle
4. Piovono Polpette
5. Supersize Me

Questo è il panino con la sorpresa. E il panino della festa.
Al ritorno da un esame universitario, lo studente custodisce un bel 30 e lode sul libretto. Vuole festeggiare. Dopo essere rimasto a casa per settimane senza vedere la luce del sole, figuriamoci mangiare cibi freschi, l'unica cosa che è rimasta a casa è mezzo pacchetto di patatine confezionate.

Corre a procurarsi carne, cipolla, formaggio e pancetta e l'immancabile (cassa di) birra e si concentra sui festeggiamenti. Rosola l'hamburger e scioglie il formaggio, tanto, aggiunge una quantità smodata di cipolle e le frigge insieme alla pancetta, basta dieta.
E quindi si va a costruire: pane, maionese, carne con formaggio, pancetta, cipolle, chips, ketchup o senape a volontà. Uno addenta e "crunch", ecco che tutto crocca.
Secchioni o sfaticati, tutti devono mangiare.

Quindi, per le chips fatte in casa:
tagliate una patata scon la mandolina, a fettine sottili; scegliete le fette più grandi e più belle e lasciatele in acqua fredda da mezz'ora a due ore, il tempo che avete; asciugatele e buttatele poi in una padella con tanto olio bollente; a seconda dello spessore ci impiegheranno da meno di un minuto a cinque minuti; cuocetele bene, devono essere croccanti; lasciatele a lungo su un foglio di carta assorbente e salatele abbondantemente.

Consiglio

Le chips non bastano? Friggete ancora patate, asciugatele, salatele e avrete un accompagnamento perfetto per il panino

IMPRESCINDIBILE
L'olio di semi per friggere le patate. Ma di qualità. Lo sapete che non si frigge né con l'olio di oliva né con l'acqua, no?

Ingredienti

PANE

MACINATO DI VITELLO PER HAMBURGER

POMODORI A FETTE

DUE FETTE ALTE DI FORMAGGIO TOMA

UNA FETTA DI PANCETTA AFFUMICATA

DUE O TRE FETTE DI PATATA COTTE "À LA CHIPS"

CIPOLLA

SALSA MAIONESE / KETCHUP / SENAPE

UN PIZZICO DI SALE

11

Il Vegetariano

I piaceri della carne. Senza la carne

Questa ricetta
è kosher!

Conversazione semiseria tra un vegetariano e un carnivoro incallito

A: Non si può.
B: Certo che si può.
A: Ma senza la carne non è un hamburger, dài.
B: Non fare il tecnico. Hamburg è il nome di un posto. Mica di un vitello. Se te lo faccio assaggiare cambi idea, sicuro. È buono.
A: Come lo fai?
B: Prendo tutte le verdure, le faccio bollire. In una pentola a parte metto il riso Sant'Andrea, Ribe... una varietà tonda da minestra va bene. Una volta cotte le verdure e raffreddato il riso mixo tutto con una chiara d'uovo e un po' di parmigiano. Aggiusto di sale e mi sbizzarrisco con le spezie. Una volta, per dire, c'ho messo il cardamomo.
A: Io sapevo che in India ci fanno il caffè col cardamomo.
B: Lo puoi mettere dappertutto. Modello la polpetta come se fosse un hamburger, lo immergo nel rosso dell'uovo, lo giro bene nel pangrattato e poi, via!, a bagno nell'olio bolllente, giusto il tempo di dargli un po' di croccantezza. La metto nel panino tostato con due fettine di mozzarella fresca e una foglia di basilico.
A: Beh. Sembra buono.
B: Te l'avevo detto.
A: Ma comunque secondo me non è un hamburger.
B: ...

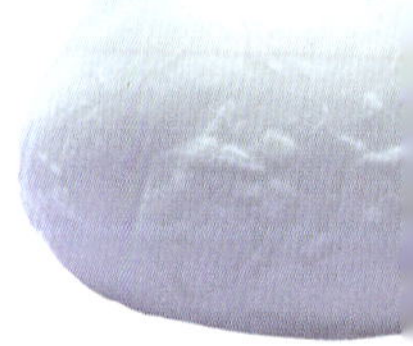

Consiglio

Le lenticchie rosse decorticate cuociono più velocemente. Altrimenti mettete in conto una pentola a pressione e una mezz'oretta di tempo in più

NONNA DIXIT
Sopra la mozzarella, volendo, anche una melanzana grigliata

Ingredienti

Per la polpetta di verdure

LENTICCHIE

ZUCCA

PATATE

CIPOLLE

UOVO

PARMIGIANO

PANGRATTATO

RISO BIANCO TIPO ARBORIO, RIBE, TONDO

Per la farcitura del panino

POMODORI A FETTE

FETTE DI MOZZARELLA SOTTILI A PIACERE

UN PAIO DI FOGLIE DI BASILICO

VERDURE A SCELTA: (FANTASIA!)

SALSA MAIONESE / KETCHUP / SENAPE

12

L'Agrodolce

Sweet and sour. Come l'amore

La vuoi stupire. Niente tovaglia, solo una candela al centro del tavolo. Anche le posate non ci sono. Solo i cucchiaini da dessert, che speri di non dover usare, almeno non seduti a tavola. I panini sono nel forno, ché le donne si fanno aspettare, talvolta. È una ricetta che, le racconti, ha inventato tuo nonno. La chiamava "la rossa" e non ci faceva l'hamburger, quella è stata una tua idea. Il nonno prendeva cipolla rossa, cavolo rosso trevigiano, due spicchi di mela e li faceva sfumare con del vino per una buona mezzora. Una volta passite le verdure, ci aggiungeva una fetta di vitello e giù a cuocere fin quando la carne stessa non prendeva il sapore e il colore rossastro del suo condimento. Farlo con il macinato è più facile, la cottura meno impegnativa. Nel tuo panino, le spieghi, c'è anche del formaggio (sciolto sulla polpetta come nella ricetta numero 6) e due zucchine grigliate. Così, per la consistenza.

"Ti piace il retrogusto leggermente amarognolo? Chiodi di garofano. Anche quelli sono una mia idea, fanno un po' 'vin brulé'. E non c'ho messo nemmeno un filo d'olio, così è leggerissima."

Non saprà mai che al composto iniziale avete aggiunto un cucchiaino di zucchero di canna, per lei, una volta ritirato il vino per caramellare il tutto, e che nel vostro panino c'è anche un punta di piccante, di buon auspicio.

Con le cipolle borettane il gusto sarà ancora più delicato

!!!

Attenzione

Le spezie – come i chiodi di garofano – vanno inserite verso la fine della cottura della carne

Consiglio

L'altra metà della mela?
Usatela per il ketchup (pag. 19)

Ingredienti

PANE

CAVOLO ROSSO, CIPOLLA, CHIODI DI GAROFANO

UNO SPICCHIO DI MELA GRANNY SMITH TAGLIATO A PEZZETTI

MACINATO DI VITELLO PER HAMBURGER

POMODORI A FETTE

UNA FETTA DI FORMAGGIO TIPO TOMA

DUE/TRE FETTE DI ZUCCHINE COTTE ALLA GRIGLIA

SALSA MAIONESE / KETCHUP / SENAPE

UN PIZZICO DI SALE E DI ZUCCHERO

UN BICCHIERE DI VINO ROSSO

13

Lo Strolghino

Sorbole! Che hamburger

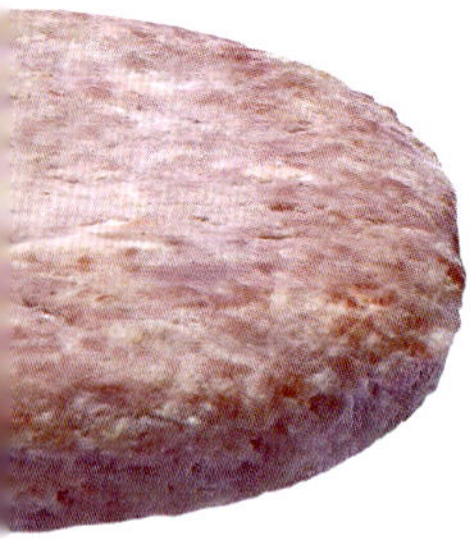

Il nome strolghino pare che derivi da strolga, che nel dialetto di Parma significa "astrologa, indovina". Si dice infatti che per fare un salume così buono e in così poco tempo – lo strolghino viene stagionato meno di un mese – ci voglia una maga.

Questo segreto emiliano è, a tutti gli effetti, una magia. Ed è forse la ricetta più "Docg" di tutto il ricettario.
Iniziamo: l'hamburger di strolghino lo si fa con un po' di macinato del salume stesso, che è tratto dalla parte più magra del culatello e del fiocco, e sarà una polpetta leggermente più dolce e più rosea di quella di vitello, oltre a essere una delle più magre e più gustose possibili.

Passate l'hamburger in padella con un filo d'olio e uno spicchio d'aglio, che eliminerete a fine cottura. Non c'è bisogno di cuocere la carne troppo a lungo, perché essendo fatta d'un salume è già stagionata. Quando la superficie sarà appena abbrustolita, condite con un po' di pepe e poco sale, montate il tutto e infilatelo in forno per la "mantecatura". A piacere si può guarnire con qualche fetta di mozzarella. Ma veloci, perché è ora di buttarsi con le mascelle ardenti su questo incredibile panino.

★★★

TOCCO DI CLASSE

Due foglie di radicchio rosso o trevigiano per contrastare la dolcezza dello strolghino

L'insalata
La iceberg va sempre bene, ma per questo panino consigliamo la verdissima Romana o l'indivia, per chi non ha paura di una punta di amaro

Consiglio

Lasciate che la carne esondi dal panino. Il suo colore rossastro è molto scenografico. Farete bella figura

Ingredienti

PANE

MACINATO DI STROLGHINO

POMODORI

LATTUGA

UN PIZZICO DI SALE

UN PIZZICO DI PEPE

A PIACERE: RADICCHIO ROSSO

A PIACERE: MOZZARELLA

14

Il Ciccioformaggio

Quando una mucca incontra un maiale

L'hamburger nasce per sfamare la classe lavoratrice. Senza andare troppo lontano nel tempo e scomodare il conte di Sandwich (a cui è attribuita l'invenzione, attorno al 1760, dell'omonimo panino, il primo con la carne dentro) alla fine dell'Ottocento operai e manovali sedevano ai piccoli burger stand dopo una lunga giornata di lavoro per reintegrare velocemente – e a basso costo – le calorie perdute.

Il classicone calorico e proteico di questa ricetta, invece, è dedicato ai colletti bianchi, alle dure giornate in ufficio, al mordi e fuggi e – se proprio siete audaci – alle scappatelle della pausa pranzo.
Per farlo (soprattutto per farlo carino) serve un po' di manualità. State cuocendo il vostro hamburger, come al solito. Avete tagliato qualche fetta di provola affumicata molto finemente e l'avete appoggiata a fine cottura sulla carne. Si scioglie a meraviglia. In contemporanea, vi occupate anche della pancetta. Se la tagliate a fette sufficientemente spesse e le date una forma prima della cottura, la manterrà. Va molto di moda la scacchiera, che si fa intrecciando le parti grasse come un tessuto in un telaio. Oppure una semplice croce. Navigate pure di fantasia, ma girate la pancetta una volta soltanto, solo quando sarà abbastanza croccante. Chiudete il tutto con un paio di anelli di cipolla cruda e un pizzico di senape leggera.

CURIOSITÀ
Ci sarebbe la questione della pancetta, che non è proprio uguale al bacon.

La prima è un po' più grassa e meno croccante dopo la cottura. Il secondo è affumicato di default. Preferiamo la pancetta perché più facile da trovare e molto varia a seconda della provenienza regionale

Consiglio

Provalo con la pancetta di bovino piemontese del Consorzio La Granda, maturata nel vino rosso e stagionata 40 giorni, tagliata fine

Ingredienti

PANE

MACINATO DI VITELLO PER HAMBURGER

POMODORI A FETTE

INSALATA ICEBERG

QUALCHE FETTA DI PROVOLA AFFUMICATA

DUE FETTE DI PANCETTA

VERDURE A SCELTA: CETRIOLI, CIPOLLA

SALSA MAIONESE / KETCHUP / SENAPE

UN PIZZICO DI SALE

15

Il Beeeh Burger

L'hamburger col caprino è così buono che suona bene

Chiediamo il permesso di essere incoerenti.
Infatti giusto a pagina 36 definivamo i formaggi caprini "troppo acidi" per la preparazione di un buon hamburger. Come tutte le buone regole, eccovi qua un'eccezione.

L'acidulo del caprino – se smorzato con qualche verdura dal gusto intenso (come l'erba cipollina, ad esempio) o con la morbidezza dell'avocado – può essere un *atout*.
Conditelo con olio e sale e mixatelo con erba cipollina tagliata finissima.
Disponete poi l'avocado a fette sottili su un piatto e bagnatelo con il limone.
A piacere, una spolverata di peperoncino qui o sul formaggio stesso.
La carne, nel frattempo, fa il suo corso, sulla bistecchiera o in padella.
Una volta tostato il pane, spalmate un po' del caprino su entrambe le calotte, al posto delle salse. Un po' di più! Abbondate. Incastrate sopra le fettine di avocado. Chiudete schiacciando un po', il bianco del caprino che spunta dai lati è bellissimo da vedere e godurioso da occultare con un morso.
Ottimo lavoro.

Consiglio

Premere il caprino su un plateau di mirtilli rossi spezzettati

CURIOSITÀ
La catena di hamburgherie più antica d'America non è McDonald's, ma White Castle. Tutti uguali, alti e bianchi come piccoli castelli, prendevano il nome proprio da lì, c'erano già nei primi anni Trenta, quando i fratelli MacDonald ancora non li conosceva nessuno e avevano giusto in mente di aprire un barbecue drive-in a San Bernardino, in California

Ingredienti

PANE

HAMBURGER

POMODORI A FETTE

INSALATA ICEBERG

UN AVOCADO TAGLIATO A FETTE SOTTILI

CREMA DI CAPRINO

QUALCHE GOCCIA DI SUCCO DI LIMONE

ERBA CIPOLLINA

VERDURE A SCELTA: CETRIOLI, CIPOLLA

UN PIZZICO DI SALE

16

L'Imbufalito

Per una fame bestiale

Arriva, immancabilmente, la bufala.
Altrimenti che hamburger all'italiana sarebbe?
Ma per non fare acqua da tutte le parti, della bufala prendiamo una versione curiosa, quella ri-cotta.

Prima di tutto le lunghe e sottili fette di zucchine, che poggerete sulla bistecchiera giusto il tempo necessario per ammorbidirle e segnarle con la texture della griglia. Nel frattempo create una ciotolina che contiene un po' d'ottimo olio extravergine d'oliva, sale e timo fresco. Lì immergerete le zucchine ancora calde: prendono l'odore del timo e spalancano un sapore molto più intenso. Sempre sulla bistecchiera passate alla pancetta, mentre nella padella sistemate la vostra polpetta di carne per la cottura, salata e speziata *comme il faut*.
Non c'è bisogno di salare la ricotta, ma di tenerla qualche minuto a temperatura ambiente e di lavorarla per renderla cremosa. I più golosi aggiungeranno anche pomodori secchi o peperoncino.

Fate la prova del nove: una volta completato il panino, strizzatelo leggermente e controllate che la polpetta di carne perda un po' dei suoi amabili liquidi. Se succede, perfetto!
Se no, l'avete probabilmente cotto un po' troppo.

★★★

TOCCO DI CLASSE
Mischiate la ricotta con un cucchiaino di peperoncino

!!!

ATTENZIONE
Il pane lasciato riposare troppo diventa gommoso da una parte e rigido dall'altra. Quindi lasciate la tostatura per ultima

Ingredienti

PANE

MACINATO DI VITELLO PER HAMBURGER

POMODORI A FETTE

RICOTTA DI BUFALA

DUE FETTE DI PANCETTA AFFUMICATA

QUALCHE FETTA DI ZUCCHINA ALLA GRIGLIA

ALTRE VERDURE A SCELTA: CIPOLLA

SALSA MAIONESE / KETCHUP / SENAPE

UN PIZZICO DI SALE

17
Il Ligure
Anche gli angeli amano gli hamburger

Ma le donne, che ne pensano dell'hamburger? Troppo grezzi per il loro palato? Troppo grassi per la loro linea? Mah.
Documenti storici parlano di amore tra polpette e gentil sesso fin dagli anni Venti. Tanto per cominciare la prima ricetta di hamburger mai pubblicata l'ha scritta una donna, Florence A. Cowles, la dea dei panini, autrice della bibbia del settore "Five Hundred Sandwiches", nel 1927. I suoi hamburger erano fatti di ground beef, pane imburrato, melanzane e funghi per condimento, poi fritti in una padella con lo strutto. Mica roba da femminucce.
Chissà che penserebbe, la Florence, di questa nostra ricetta estiva e leggera, dal gusto mediterraneo. Il suo giudizio pesa come un macigno sulle nostre coscienze. Ma i nostri stomaci sorridono.

Tagliate i pachini in spicchi. Denocciolate le olive e mischiatele ai pomodori condite con un filo d'olio. La salatura delle prime dovrebbe essere più che sufficiente.
Sul fondo, al posto della maionese, la salsa di noci, che a piacere si può mettere anche su pomodori e olive. Un ottimo contrasto, e calorie contenute. Signore, non vi abbiamo fatto sentire un po' meglio?

P.S. Quando due anni dopo un editore britannico ripropose il libro della Cowles in versione maxi, con 200 ricette in più, le 6 dedicate all'hamburger vennero giudicate troppo "grezze" e tagliate. Gli inglesi non avevano stomaco per queste cose.

ALTERNATIVA

1
Provatelo con un trito di pomodori secchi

2
Ancor più ligure: buttatevi sulle piccole e amarognole taggiasche

★★★

TOCCO DI CLASSE
Un velo di basilico pestato insieme alla salsa di noci

Ingredienti

PANE

HAMBURGER

POMODORI PACHINI

INSALATA ICEBERG

OLIVE NERE SMINUZZATE

BASILICO

SALSA DI NOCI

UN PIZZICO DI SALE

18

Il Greco

Tsatziki a chi?

Mescolate la carne tritata con la cipolla sminuzzata e invece di salare, provate con il gomasio. È una salagione inusuale, che strizza l'occhio all'oriente, ma fa comodo in questo hamburger ellenico che verrà poi completato dalla feta, molto ricca di sapore. Il "sale al sesamo" o gomasio lo si può fare in dieci minuti tostando in padella del sesamo, appunto, e passandolo poi nel tritatutto, fino a creare una sabbiolina gustosa.

Facendo sempre attenzione alla consistenza – nell'emergenza una chiara d'uovo o un po' di fiocchi per purea di patate bagnati nell'acqua e uniti al composto salveranno la situazione – passate in padella la polpetta ben schiacciata con un filo d'olio.
Feta e panna acida (ma se non la potete reperire va bene anche lo yogurt) sono nel mixer e vengono amalgamate in più volte per creare una crema spalmabile. Se la feta è di tipo tradizionale, rimarranno lo stesso un po' di grumi, ma non sono affatto fastidiosi in bocca. Aggiungete le olive e guarnite il panino con qualche fetta di cetriolo fresco al posto dell'insalata.

Consiglio

Se proprio il gusto greco vi ha stregato, sostituite la maionese con una crema di rafano bianco

★★★

TOCCO DI CLASSE

1
Il gomasio è un condimento di tipo orientale, fatto con sale e semi di sesamo tostati

2
Qualche goccia di aceto balsamico

Ingredienti

PANE

MACINATO DI VITELLO PER HAMBURGER

POMODORI A FETTE

FORMAGGIO TIPO FETA

FETTE DI CETRIOLO A PEZZETTI

CIPOLLA

VERDURA A PIACERE: OLIVE DENOCCIOLATE

SALSA YOGURT / MAIONESE / CREMA DI RAFANO BIANCO

UN PIZZICO DI SALE

A PIACERE: CHOIDI DI GAROFANO E CANNELLA

19

L'Hambruscher

Sotto il sole della Toscana

Ecco una ricetta pensata per il barbecue. Un intruso nella grigliata estiva per fare colpo sugli amici.
Tagliate in anticipo i pomodori – tipologia da insalata, come il cuore di bue – e conditeli con olio, sale, origano e a piacere (ma caldamente consigliato) aglio e cipolla sempre a dadini.
Come la mozzarella, del resto, che viene tagliata *pendant*.

L'hamburger che sta sulla griglia è un sorvegliato speciale, cosicché non si bruci né si asciughi troppo. La vostra attenzione è tutta per lui. Contate qualche minuto in più per la cottura ma il risultato sarà più "al sangue", e dovrete pressare la vostra polpetta bene, così da non spaccarsi alla prima girata. Un po' di chiara d'uovo nell'impasto aiuterà nell'impresa.
Al momento dell'assemblaggio, non lasciate la mozzarella a sciogliersi sulla carne, ma mischiatela con il pomodoro, così che resti fresca in contrasto con la carne. Ottima con un bicchierino di lambrusco.

?

Senz'aglio?
Si può. Ma sarà
un po' meno
bruschetta e un po'
più hamburger

*

Se invece l'aglio piace...
Passatelo sul pane tostato, prima di coprirlo di maionese

★★★

TOCCO DI CLASSE
Qualche goccia di aceto balsamico

Ingredienti

PANE

MACINATO DI VITELLO PER HAMBURGER

POMODORI A DADINI

PREZZEMOLO

CIPOLLA ROSSA

AGLIO

A PIACERE: FORMAGGIO TIPO MOZZARELLA A DADINI

UN PIZZICO DI SALE

20

Il Palli-do-pollo

Più bianco non si può

Bastano 3 minuti per lato per la cottura di questi hamburger dal costo più che popolare e dal gusto raffinato, soprattutto per chi sa maneggiare le spezie.
Ve ne citiamo solo alcune per l'impasto: il timo, il basilico, il prezzemolo, la maggiorana.
Ma per non fare i polli, bisogna iniziare sempre dal principio. Carne, tritatutto.
Aggiungete del prezzemolo già tritato, bilanciate di sale ed eventualmente di pepe, curry o qualsiasi altro degli odori sopracitati, terminate con un uovo grande.
In fin dei conti, è come usare due polli: uno che è stato e l'altro che sarà.
La palla ottenuta si schiaccia bene per raggiungere rotondità e altezza prevista, e poi la si lascia riposare qualche minuto in frigorifero per assodarne la forma.
Nel frattempo tritate lo scalogno, ma fatelo con una certa nonchalance, tanto state temporeggiando. La bistecchiera – o la piastra, se l'avete – è già calda.
No! Niente padella, in questo caso non c'è bisogno di friggere.

L'hamburger di pollo va cotto un po' di più, circa una quindicina di minuti, girando la polpetta a metà cottura. Tenete la fiamma sempre alta, anche se s'imbruniscono un po' le due facce – facce di pollo! – non importa.
Infine: condite con dell'olio – mai come oggi apprezzerete l'aver comprato al frantoio quella bottiglia d'extravergine spremuto a freddo – e montate il panino.

NONNA DIXIT
Aggiungete una crema di fagioli cannellini ben salata e leggermente piccante

★★★

TOCCO DI CLASSE
Mischiate la carne con una punta di zafferano

Consiglio

Perché non fare dei "nuggets" con il pollo che avanza?

Ingredienti

PANE

PETTO DI POLLO (A FETTE O INTERO)

POMODORI

INSALATA ICEBERG

UN PIZZICO DI SALE

FARINA

UOVO

PREZZEMOLO

A PIACERE: TIMO, UN PIZZICO DI PEPE

VERDURE A PIACERE: SCALOGNO

21

Il Cotoletta

La signora dell'unto

Come Bell e Marconi per il telefono, così Vienna e Milano si contendono la nascita della cotoletta, quella vera, vitellosa, ampia e bordata come un orecchio d'elefante.
Quella del nostro panino è una rivisitazione comune, con carne di pollo. La panatura è sempre la solita: uova, pangrattato e farina.

Si frigge bene nell'olio di semi ma anche nel burro chiarificato, se le analisi del sangue ve lo consentono. Armatevi di cucchiaio e di presina: mentre la cotoletta frigge, usate il primo per riversarvi sopra un po' di olio bollente, in modo che la cottura sia uniforme e la seconda per non andare al pronto soccorso d'urgenza. No, girare la fettina non è sufficiente, un lato resta sempre più duro e brucciacchiato. Appoggiandola su un po' di carta assorbente, la si libera dell'unto e subito a ruota la si sala. Un pizzico di limone – per gli amanti, anche in fettine, buccia compresa – e poi le solite verdure, alternabili all'occorrenza con carote e cipolle.

Certo fa un bell'effetto vedere la cotoletta lì tutta intera nel mezzo del panino... ma poi quando l'addentate? Strappate via senza indugio o rischiate che porti con se tutto quello che le sta intorno? Date retta a noi: tagliatela. Bocconcini di pollo meno belli ma sicuramente più buoni.

OGGETTO DEL DESIDERIO
Le pinze per girare la carne

Consiglio

SceglIete un petto di pollo non troppo basso e battetelo senza pietà prima della panatura

Un pizzico di curry? Ci sta!

Ingredienti

PANE

FETTA DI PETTO DI POLLO

PANGRATTATO

TUORLO D UOVO PER LA PANATURA

POMODORI

INSALATA ICEBERG

UN PIZZICO DI SALE

A PIACERE UN PIZZICO DI PEPE - LIMONE

VERDURE A PIACERE: CAROTE E CIPOLLE

22

Il Tacchino

Vi farà gloglottare

In una ciotola mischiate il macinato di tacchino – chiedete al macellaio che sia tritato tre volte, come quello di vitello, oppure occupatevene voi stessi – con un battuto di cipolla, carota (poca, il resto vi serve d'accompagnamento) e prezzemolo. Salate e pepate generosamente. A piacere si possono aggiungere anche del pane pestato e del formaggio a tocchetti tipo Provolone (ma di quelli non troppo saporiti).

Il macinato di carne bianca è più difficile da modellare, rimboccatevi dunque le maniche e lasciate che il tatto vi guidi. Indispensabile avere le mani bagnate, o sarà impossibile staccare il tacchino dai polpastrelli.

Una volta formata la polpetta la passate in padella con poco olio, per i primi due minuti a fuoco altissimo, per farla imbrunire, e poi a fuoco più lento per altri dieci minuti per terminare la cottura.
Incastrate il tacchino tra due fette di pane, un po' di insalata e un pratino di carote, e siete a posto.

Consiglio

Tagliate le carote a julienne e aggiungete un pizzico di aglio tritato con il prezzemolo. Et voilà!

Consiglio

La salsa perfetta per questo panino è la mostarda. Al supermercato preferite quella di Dijon, la più classica delle francesi. Altrimenti, preparatela con la ricetta a pag. 19

L'AZZARDO

Due fettine di mela granny smith proprio a contatto con la polpetta

Ingredienti

PANE

HAMBURGER DI TACCHINO

CAROTE

FORMAGGIO PROVOLONE

INSALATA ICEBERG

VERDURE A PIACERE: CIPOLLA ROSSA

AGLIO E PREZZEMOLO

UN PIZZICO DI SALE E PEPE

23

Il Pescepane 1

In fondo al mar!

!!!
ATTENZIONE
Non trovate il nasello? Buttatevi sul merluzzo o sull'halibut

Il *Merluccius merluccius*, che per noi amici è semplicemente il nasello, si trova a suo agio tra due fette di pane con un po' di salsa e della cipolla.
Perché se pesce deve essere – e gli hamburger di pesce sono ottimi, fate un giro alla ricetta del superchef Moreno Cedroni a pagina 91 – che almeno venga dal vicino Mare Nostrum. Più piccolo dei suoi parenti atlantici, questo "luccio di mare" è smilzo, sì, ma gustoso.

Tritate finemente un quarto di cipolla (a seconda della grandezza anche meno, dev'essere pochissima). Se proprio ci tenete alla purezza cromatica di questo panino, sceglierete una cipolla bianca, il vostro hamburger avrà un sapore più deciso.
Inserite nel frullatore anche il nasello e un po' di pangrattato, condite con il sale e il pepe bianco, mixate per pochi secondi. A piacere aggiungete anche del prezzemolo.
È il momento di formare la polpetta, lavorandola con le mani bagnate, cercando di darle una forma bella, alta e rotonda. Schiacciate bene, però. Meglio una polpetta di nasello più piccola, che una sparsa in padella.

Al momento della cottura, con un filo di olio nella padella già calda, dorate il nasello 3 o 4 minuti per ogni lato.

E per una volta lasciate stare l'insalata! Gli spinaci che vedete nella foto qui a fianco sono pensati per essere uniti alla vinaigrette e così dare gusto all'intero panino, ma se fosse stagione di spinacini teneri e ne aveste qualcuno dalle piccole e verdissime foglioline... osate. L'insalata resta nell'orto e voi testate l'alternativa, leggermente stravagante al primo morso, ma di grande carattere.

NONNA DIXIT
Scavate un po' di mollica dal vostro panino e unitela al merluzzo e alla cipolla nel mixer. Avrete una piccola conca porta-salse e la vostra polpetta si amalgamerà più facilmente

Consiglio

Per questa ricetta, usate la vinaigrette al posto della maionese. L'acidulo non guasta affatto!

Ingredienti

PANE

FILETTO DI NASELLO

CIPOLLA

SALE

PEPE BIANCO

OLIO

PANGRATTATO

SALSA VINAIGRETTE

A PIACERE: PREZZEMOLO, SPINACI

24

Il Pescepane 2

La vendetta del salmone

Se c'è una cosa che pensavamo di aver imparato, è che gli spinaci nei panini sono vietati. Troppo acquosi, a meno che non siano contenuti – come nella frittata, per dire – rischiano di rovinare tutto. Ma noi nel pescepane li nascondiamo, li sublimiamo. Insomma, li impolpettiamo insieme al salmone.

Una volta lavati benissimo con acqua corrente e lessati, gli spinaci vanno fatti riposare e scolati benissimo. Se son freschi, ci vorranno 35 minuti buoni tra lavarli, mondarli, cuocerli, e raffreddarli.
Sminuzzate a dovere il salmone con il coltello o nel mixer, aggiungete qualcosa che renda la polpetta "sbrisolona" come delle carote crude tagliate a tocchetti piccoli o del pangrattato, aggiustate di sale e lasciate cadere nel composto qualche goccia di limone. Unite con gli spinaci tritati e aggiungete una chiara d'uovo al composto per amalgamare il tutto (qualcuno usa direttamente senape o maionese, de gustibus).
Una volta create le polpette, appoggiatele con un po' di attenzione – si sfaldano più facilmente di quelle di carne – su una padella calda e oleata (basta un filo d'olio). Cuocete 4 minuti circa per ogni lato. Due fogliolíne tenere di spinacino possono andare a guarnire l'hamburger, a piacimento.

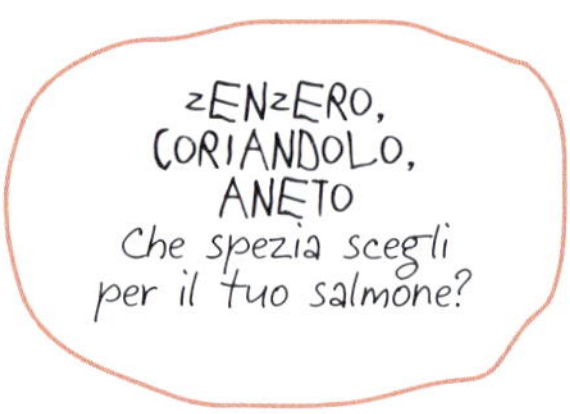

LA POLPETTA
Salmone, spinaci e carote vanno sminuzzati e uniti per farne la polpetta

Consiglio

Aggiungete del cipollotto fresco e a piacere anche una spolverata di buccia di limone

Ingredienti

PANE AL SESAMO

SPINACI FRESCHI

FILETTO DI SALMONE

CAROTE

SPEZIE A PIACERE: CORIANDOLO, ZENZERO, ANETO

PREZZEMOLO

OLIO

SALE

LIMONE

UNA CHIARA D'UOVO

25

Il Pescepane 3

Tonno e verdure

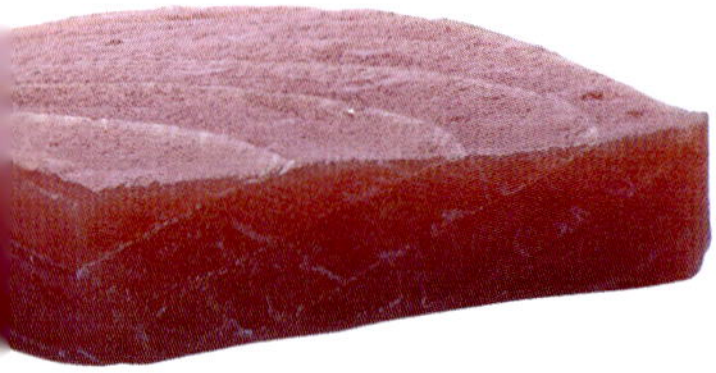

Il trancio di tonno è bello da maneggiare. Sodo, appetitoso già da crudo. Magrissimo.
Lo taglierete a mano e non nel tritatutto, per eleganza e per mantenerne le proprietà nutrizionali. Siete andati tante volte al sushi bar, avrete visto come si fa! Una volta tagliato il tonno a piccoli cubetti, lo si mischia con pochi capperi, un pizzico di sale, e acciughe. Questi sì: li avrete mixati prima bene bene, quasi polverizzati.

Una volta formato il medaglione di pesce, è l'ora del riposino: lasciate gli hamburger in frigo quel tanto che tiene la vostra pazienza, se possibile un'ora intera.
Così il vostro hamburger sarà compatto quando lo spennellerete di olio d'oliva e lo appoggerete con delicatezza su una padella precedentemente portata a temperatura infernale.

Durante la cottura, tanta attenzione: è una polpetta fragile. Giratela una volta sola, cuocetela 4 minuti per lato.
Tagliuzzate nel frattempo l'insalata e i pomodori e conditeli con del limone. Appoggiate tutti gli ingredienti su un micro strato di maionese. Et voilà!

Consiglio

Si può aggiungere un po' di farina alla polpetta di tonno per renderla più chiara. Un mix di farina bianca e farina gialla darà un po' di croccantezza alla frittura

ALTERNATIVA
Lasciate perdere le acciughe e provate a unire al tonno tagliuzzato un paio di cucchiai di besciamella e del sale grosso. Tutto a temperatura ambiente

CERCATE DEL TONNO SOSTENIBILE
Se possibile acquistatelo durante i periodi di mattanza e da pescatori fidati

Provatelo aggiungendo dei cipollotti freschi

Ingredienti

PANE AL SESAMO

POMODORI

INSALATA

UN TRANCIO DI TONNO PICCOLO - CIRCA 200 GR

CAPPERI

ACCIUGHE

OLIO

SALE

LIMONE

26

Il Salsicciotto

La superstar mondiale meglio conosciuta come Hot Dog

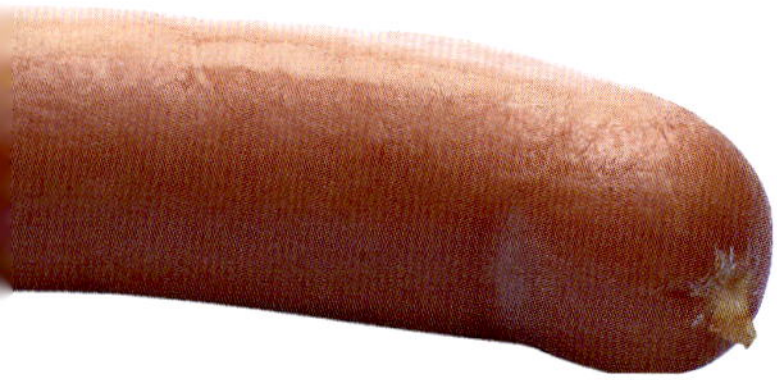

Il nome "Hot Dog" nasce alla fine dell'Ottocento, quando nelle fabbriche passavano dei carrettini per servire pasti caldi agli operai che non potevano, a causa della distanza, tornare a casa per mangiare. Uno dei piatti preferiti era il Wiener o Frankfurter (così gli americani chiamavano la salsiccia portata negli States dagli europei) servito tra due fette di pane, in modo che lo si riuscisse a mangiare con le mani, anche caldo, anche in piedi, molto velocemente. Ma si vociferava che la carne fosse di dubbia provenienza. Gli studenti di Yale, attorno al 1880, iniziarono a chiamarli "dog wagons". E anche se il rumor non ebbe mai conferma, da lì in poi il nome "hot dog" fu sulla bocca di tutti.

Tornando a noi, il macellaio di fiducia vi ha fornito un wurstel *comme il faut*, e voi l'avete fatto bollire in poca acqua non salata per circa 5 minuti (basta controllare con una forchetta che sia tenero al punto giusto). Bene. Estraetelo e lasciatelo asciugare mentre vi dedicate al pane. Chiunque sia sprovvisto dell'apposito cilindro riscaldato dovrà cercare di tostare il panino aprendolo il minimo indispensabile. Un lato, insomma, deve restare attaccato. Così potrete far navigare l'hot dog nelle salse casalinghe, senza paura. Ma con tanti tovaglioli a portata di mano.

*

IL PANE PERFETTO PER L'HOT DOG?
Una spaccatella morbida

SENAPE,
KETCHUP,
MAIONESE
Dateci dentro con le salse!

Consiglio

Se preferite il salsicciotto alla griglia, abbondate con le salse o il panino sarà troppo asciutto

!!!

ATTENZIONE
Per la cottura di un wurstel artigianale servirà qualche minuto in più - ca. 10

Ingredienti

PANE TIPO HOT DOG

SALSICCIA TIPO WURSTEL

MAIONESE / KETCHUP / SENAPE

27

Il Salsicciotto 2

Con cavolo, a merenda

Il posizionamento di una cucchiaiata di crauti (se possibile fermentati) in un "hot dog all'italiana" è una sfida da ingegneri del cibo.
Il salsicciotto infatti è sproporzionato rispetto alla spaccatella che lo ospita.
E voi state cercando di mettere i capelli a Golia, mentre Davide fatica a contenere il tutto.

Un consiglio? Scavate un po' la mollica del pane e appoggiate il cavolo, caldo, da un lato e il formaggio dall'altro. Indispensabile in questo caso che sia a scaglie o in formato sottiletta, e poi... Lasciatelo aperto. Datevi per vinti, insomma. Lo appoggiate su un piatto e se necessario imbracciate le armi (non quelle! Intendevamo le posate!). Non ci sarà onore a mangiare un panino con coltello e forchetta ma nel gusto cosa avete da perdere?

La preparazione è la stessa della pagina precedente: 5-10 minuti in acqua, scolate, tostate il pane, montate.

Cercate crauti sott'olio o sott'aceto artigianali

★★★
TOCCO DI CLASSE
Un pizzico di noce moscata

*
I CRAUTI
Scaldateli in padella quel tanto che basta a far perdere un po' di liquidi in eccesso

Ingredienti

PANE TIPO HOT DOG

SALSICCIA TIPO WURSTEL

CAVOLO VERZA

FORMAGGIO

MAIONESE / KETCHUP / SENAPE

28

Il Kebabun

Ci piacciono gli ossimori

Per un attimo ci era sembrato che i kebabbari avessero superato, nel numero, le pizzerie al taglio. Ma poi tutti hanno imparato a farsi il kebab in casa, e da allora si registra una controtendenza.

Questa ricetta è un casino, perché al grido "tutto più genuino, tutto italiano!" non può affidarsi alla scioglievolezza del rotolone Döner, ma è semplicemente fatto da un paio di fette di arrosto di vitello tagliate a listellini.
La precauzione maggiore sta sempre nella cottura della carne, che va lasciata un po' sugosa, ma cotta a sufficienza. E poi, tagliata a fettine sottili e non troppo lunghe, viene inserita su una piadina riscaldata e arrotolata insieme all'insalata, i pomodori, le cipolle, i peperoni... tutto condito con un filo d'olio.

*

È UNA PIADINA, RICORDATE?
Ha il buco sotto, non fate gli scemi. È impossibile mangiarlo senza incartarlo

Consiglio

1
Si a noi piace da matti con una salsa di melanzane (come la fa Gabriele Bonci a pag. 89)

2
Aggiungete verdure a piacere, dai peperoni piccanti alle cipolle, tutto è permesso (tranne gli spinaci!)

Ingredienti

PANE TIPO PIADINA

QUALCHE FETTA DI ARROSTO DI VITELLO

POMODORI A DADINI

INSALATA ICEBERG

SALSE – TUTTE!

VERDURE A PIACERE – TUTTE!

29

Il N-Uovo

Se fosse una pizza, sarebbe una Bismarck

Un single del terzo millennio, non allergico al prodotto, sviluppa verso l'età di 23 anni una tale familiarità con l'uovo al padellino che potrebbe tenere un corso universitario.

E allora, quando lo stampino a forma di cuore non basta più, scatta l'astuzia: l'hamburger ciambella pronto ad accogliere il tuorlo dell'uovo. Sì: un buco con la carne intorno.
La vostra polpetta sarà più ampia e più piatta di un hamburger classico. Si cuoce prima la carne, come sempre, e verso fine cottura di spacca l'uovo facendo attenzione che il tuorlo vada a cadere proprio nel buco. Si fa imbiancare la chiara e si gira tutto insieme, per dorare e completare la cottura.
Se l'acrobazia tra carne e uovo vi pare troppo complessa, si può sempre cuocere gli ingredienti in padelle separate e unirli successivamente. Ma auguri con il tuorlo! A noi si rompe sempre.

Completate il panino con un cetriolino, di quelli lunghi dai 4 agli 8 cm e lasciati fermentare nell'aceto. Se sono buoni, sono aspri e croccanti. Si sposano benissimo con l'uovo.

!!!

ATTENZIONE

Se decidete di cuocere uovo e carne in due padelle separate e vi scappano di mano i tempi: meglio iniziare con l'uovo. E mettere poi la carne

IL SEGRETO
Ricetta ottima anche con il pane con i semi di zucca

CURIOSITÀ
Pare che al cancelliere Otto von Bismarck le uova piacessero moltissimo. Ne mangiava anche una dozzina alla volta. Il suo motto era: "Chi lavora molto deve anche nutrirsi bene"

★★★
TOCCO DI CLASSE
Asparagi e maionese

Ingredienti

PANE

UOVO

HAMBURGER

INSALATA ICEBERG

UN PIZZICO DI SALE

A PIACERE UN PIZZICO DI PEPE

VERDURE A PIACERE: CETRIOLINI INTERI TIPO "GURKE"

Le ricette gourmet

Gabriele Bonci
Moreno Cedroni
Alessandro "Ino" Frassica
Luca Montersino

+

un *hommage*
ad Alessandro Del Piero

Foto di Elisia Menduni

I

Il Buon Hamburger Familiare

*di Gabriele Bonci**

Ingredienti (per 4 persone)

4 PANINI ALL'OLIO CON SESAMO DA 100 GR L'UNO

4 HAMBURGER DA 130 GR CIRCA

8 FETTE DI GUANCIALE AFFUMICATO TAGLIATE SOTTILI

UN POMODORO CUORE DI BUE TAGLIATO IN QUATTRO RONDELLE

UNA MELANZANA

100 GR DI PROVOLA AFFUMICATA TAGLIATA A FETTINE

SPINACI 100 GR

UN UOVO

ORIGANO E ROSMARINO SECCHI

UN PEPERONE TAGLIATO IN 4

Prima di tutto, realizzate una maionese di melanzane: in un cartoccio di carta argento mettete la melanzana e le erbe secche, poggiate il cartoccio sulla fiamma viva e quando la melanzana sarà morbida spellate, lasciate freddare e emulsionate con un uovo e olio di oliva a filo come fosse maionese.
Poi cuocete gli spinaci in una vaporiera.
In una piastra o padella grigliate i pomodori, il guanciale e i peperoni.

Infine, grigliate gli hamburger.
Tagliate in due parti il pane e mettete gli spinaci sulla base, il pomodoro grigliato, la carne, una fetta di provola, il peperone e per ultimo il guanciale.
Prima di chiudere il panino, cospargete il tutto con tanta maionese di melanzane.

*

Gabriele Bonci è il pizzaiolo più famoso d'Italia, con quell'aria di ragazzone di bottega, le grandi mani e la passione per tutto ciò che sia panificazione e pasta lievitata. Nella "sua" Roma, lo trovate nel locale che ha aperto nel 2003, il Pizzarium, o nella nuova panetteria, in via Trionfale. Oppure alla Prova del Cuoco, in tv.

Foto di Brambilla Serrani

II

L'Hamburger di seppia

*di Moreno Cedroni**

Ingredienti

PANE PER HAMBURGER
SEPPIA MACINATA 100 GR
SEPPIA DI MEDIE DIMENSIONI 200 GR
VALERIANA
OLIO EXTRAVERGINE D'OLIVA
SALE
ROSMARINO

Frullate la seppia macinata, con un pizzico di sale e 60 grammi di acqua. A filo, aggiungete anche 60 grammi di olio extravergine d'oliva.
Dopo aver tagliato al coltello la seppia intera, aggiungetela al composto insieme al rosmarino tritato. Andate poi a formare delle polpette di pesce da circa 100 grammi l'una.

Inseritele nel panino con accompagnamento di valeriana e maionese.

*
Moreno Cedroni, due stelle Michelin, è uno dei più grandi cuochi di pesce del Paese, conosciuto per le sue innovazioni e per il crudo. Il suo ristorante in quel di Senigallia (AN) è stato nominato tra i migliori 10 locali di pesce d'Europa.

Foto di Masiimo Pinca

III

Il Del Piero

dedicato all'Alex nazionale

Ingredienti

FOCACCIA

PROSCIUTTO CRUDO DOLCE

RICOTTA

CARCIOFINI SOTT'OLIO

MELANZANE GRIGLIATE

POMODORI DISIDRATATI SOTT'OLIO

BASILICO

SALE E PEPE

Questo panino è una dichiarazione d'amore.
L'Australia intera ha deciso di veicolare un saporito "ti amo" all'Italia attraverso questa focaccia, dedicata a uno dei più famosi calciatori italiani di sempre: Alessandro Del Piero.
La stagione 2012-2013, infatti, l'ex capitano della Nazionale l'ha trascorsa nelle fila del Sydney FC e proprio nel loro stadio si è consumata – proprio il caso di dirlo – questa storia di struggimento gastronomico.

Gli ingredienti, l'avrete notato, sono quelli che fanno subito pensare all'Italia: melanzane, pomodori, basilico, ricotta. Sostanzialmente le si deve impilare una sull'altra: tagliate a metà la focaccia e spalmate la ricotta sulla faccia base, tanta ricotta, mi raccomando. Appoggiate ancora sopra abbondante prosciutto crudo, pomodori secchi sott'olio spezzettati, carciofini e fette di melanzana grigliate. Prima di chiudere, ornate il tutto con due foglie di basilico.

P.S. Attenzione. È sconsigliato mangiare questo panino prima della partitella della domenica. Perché può dare alla testa. Uno si sente un po' capitano e poi... no, mica può farvi trasformare in un campione d'amblé. Una cocente delusione (sportiva) vi attende.

Foto di Sofie Delaun

IV

Lo Speciale

*di Alessandro Frassica**

Ingredienti

UN PANINO DA HAMBURGER DI CIRCA 100 GR REALIZZATO CON FARINE BIOLOGICHE MACINATE A PIETRA NATURALE

130 GR DI CARNE DI RAZZA PIEMONTESE DE "LA GRANDA"

4/5 FETTINE DI GUANCIALE DI CORI COTTO NEL VINO

50 GR DI FONTINA DI ALPEGGIO

UNA FETTA DI POMODORO CUORE DI BUE

UNA FOGLIA DI INSALATA

A PIACERE UN PO' DI SALSA KETCHUP

Mettete la carne, a cui avete già dato la forma e l'altezza desiderata, sulla piastra ben calda, cuocendola qualche minuto per parte in modo che risulti al sangue, lo stesso fate con le fette di guanciale in modo da renderle croccanti.
Circa a metà cottura della carne, sul lato già scaldato appoggiate la fontina, che così prenderà calore e inizierà a fondersi leggermente.
Scaldate il panino aperto in forno un paio di minuti, e infine assemblate il tutto con la fetta di pomodoro e la foglia di insalata e un po' di salsa ketchup che darà quel giusto tocco di dolcezza, acidità e freschezza.

*
Tuttti conoscono Alessandro Frassica come "Ino", il nome della panineria che ha aperto a Firenze e che l'ha reso "il signore del panino" italiano. Potete trovare il suo pane e le sue squisite composizioni anche a Eataly Roma.

Foto di Elisia Mendini

V

L'Hamburger senza glutine

*di Luca Montersino**

Ingredienti

Per i panini al latte senza glutine

FARINA DI RISO 200 GR

MAIZENA 200 GR

FECOLA DI PATATE 50 GR

FARINA DI LUPINO 50 GR

BURRO 150 GR

LATTE IN POLVERE INTERO 50 GR

LIEVITO DI BIRRA 20 GR

SALE

TRE UOVA INTERE

LATTE INTERO 250ML

ZUCCHERO SEMOLATO 20 GR

XANTANA

Per la farcitura

HAMBURGER DI MANZO

POMODORI CUORE DI BUE

LATTUGA CAPPUCCIO

FORMAGGIO PROVOLONE

SENAPE / KETCHUP / MAIONESE

Per la decorazione

UN CUCCHIAINO DI PANNA

UN TUORLO D'UOVO

SEMI DI SESAMO

IV

L'Hamburger senza glutine

Premesse

Cos'è la xantana? Un polisaccaride. È usata per migliorare la consistenza degli alimenti light e dei prodotti da forno senza glutine, la si acquista nei negozi specializzati, di solito in forma di polvere.

Per questa ricetta sono molto utili: una planetaria o una macchina da cucina per impastare e degli stampini monoporzione del diametro di 8/9 cm, meglio se in silicone.

I panini al latte

Miscelate farina di riso, amido di mais, fecola di patate, farina di lupino, latte in polvere, zucchero semolato e xantana nell'impastatrisce (possibilmente munita di pala a farfalla o a foglia). Unite il lievito e le uova miscelate al latte poco alla volta fino a far formare un impasto liscio e omogeneo, simile a una pastella spessa.

Completate con il burro e il sale. Dosare la pasta così ottenuta con un sac à poche dentro degli stampini a mezza sfera monoporzione. Lasciate lievitare in un luogo caldo (il forno chiuso, una stufa, sul termosifone...) per circa 2 ore. La temperatura perfetta per la lievitazione si aggira tra i 28° e i 30°. A fine lievitazione spennellate con un po' di tuorlo e panna e spolverate di semi di sesamo.

La cottura

Cuocete in forno pre-riscaldato a 200°C per 10 minuti circa, tenendo d'occhio la doratura dei panini.

La finitura

Una volta freddi tagliate a metà i panini e farciteli con un piccolo hamburger di vitello, cotto su una bistecchiera tre o quattro minuti per lato, una fetta di provolone, lattuga e pomodori per guarnire, e infine salse a piacere.
Fermate il tutto con uno stecchino e una mezza oliva verde.

*

Luca Montersino è uno dei pasticceri più famosi d'Italia, attento ricercatore di una cucina e di una pasticceria attente alla salute. Lo avrete visto in televisione in "Peccati di gola" o a "La Prova del Cuoco", o nei suoi numerosi libri e corsi. Il suo laboratorio è ad Alba, in Piemonte, ma il suo cuore batte anche dentro Eataly, dovre potrete assaggiare le sue leccornie.

Appendici

Materie prime

Le verdure

Gli ortaggi perfetti per il vostro panino stanno nell'orto del vostro vicino. Oltre a fare la rima questo è l'unico mantra di "Hamburger all'italiana": scegliete la verdura più vicina a voi e adattatela alle vostre esigenze di "hamburger-chef"

L'insalata

L'iceberg (da qualcuno detta "ghiaccio") è un'insalata dolce e croccante, chiamata così perché ha il cuore di ghiaccio, di un verdino quasi bianco, dal gusto molto fresco. In effetti, si può dire che questo tipo di foglia non abbia quasi sapore. È per questo che si sposa perfettamente con l'hamburger: non perde la consistenza (le lattughe nostrane si ammosciano più facilmente con il calore) e non sovrasta il sapore della carne. Il trucco, in ogni caso, è metterla all'ultimo secondo.

Il Pomodoro

Esiste, forse, un italiano che non sia pomodorofilo?
Questo frutto è la base di tantissime preparazioni e molto di frequente nel nostro ricettario. Quale pomodoro? Il classico "insalataro" ha la giusta

durezza e permette al cuoco di tagliare delle belle fette sottili. Il "Cuore di bue" è il più adatto nella stagione estiva, ma va scelto quando ancora non è completamente maturo, altrimenti sarà più difficile tagliarlo (quanto qui detto non vale nella ricetta dell'Hambruscher). Il Sanmarzano, allungato e adatto alla conserva, ha la buccia un po' spessa, consigliamo quindi di spellarlo prima di inserirlo nel panino.

Il Peperone

Delizia della nostra terra, croce – talvolta – delle nostre digestioni, del peperone esistono tantissime varietà. La maggior parte prende il nome dalla forma: il "quadrato" o il "lungo", il piemontese "tomaticot" (che è tondeggiante e schiacciato ai poli, sembra un pomodoro) o il trottola, che pare un cuore. Tutti uniti dalla polpa soda, croccante, consistente. Quello rosso è un po' più saporito e aiuta la colorazione del piatto, con simpatia. Quello giallo risulta più digeribile.

La cipolla

Non fatevi fregare: più è chiara, più è saporita. Le cipolle rosse sono adatte alle preparazioni veloci e anche a essere mangiate crude. Tra queste la regina è la cipolla di Tropea, allungata e buonissima, persino un po' dolce se comprata fresca. Le "bionde" o le "bianche" devono essere cotte più a lungo per ammorbidire il loro gusto. Le cipolle borettane, citate nella ricetta a pagina 48, sono quelle piccolissime e chiare che – a differenza di quanto detto sopra – sembrano fatte di miele. Ma vi faranno ammattire per essere pelate.

La verza

Pur nella varietà delle nostre coltivazioni, l'invernale per eccellenza è proprio lui, il cavolo. Ne esistono tanti tipi e colori. Il viola vi farà fare una bella figura, ma scegliete il Trevigiano che è un po' più tenero. Tra le verze preferite le più chiare e dalle foglie morbide, mentre se cercate croccantezza acquistate un bel cavolo cappuccio: lui sì che sarà cavolo per i vostri denti.

Gli spinaci

La nonna insegna che un panino con gli spinaci fa acqua da tutte le parti. Quindi, usateli con parsimonia. E sempre freschi: quest'erba invernale è una piaga d'Egitto quando la si deve lavare e mondare dai gambi più duri, ma se la si trova molto fresca può essere un complemento perfetto per l'hamburger, persino da crudo.

Le olive

Devono essere perfette. In quanto "ciliegina sulla torta" e non solo per il physique du rôle, non si ammettono errori. Le olive nere spaziano dal dolce all'amarognolo e in generale si trovano più volentieri nei panini perché si appoggiano agli altri ingredienti con grazia, senza sovrastare o spostare. Non si può dire lo stesso delle verdi, che sono però più saporite. Per il Ligure a pagina 58 abbiamo scelto le squisite Taggiasche, prodotte nella provincia di Imperia. Hanno quel colore cangiante tra i grigio e il verde che ci innamora. Ma certo sono piccole e denocciolarle non è una passeggiata.

Le carote

Zuccherine, colorate. Devono essere scelte proprio in base a questo: alla consistenza e al colore. Si trovano in tutto l'arco dell'anno e noi le preferiamo con il ciuffetto verde ancora attaccato sopra, a dimostrarne la freschezza, alla Bugs Bunny.

Funghi

Neanche uno. Non una ricetta con i funghi in questo album.
Eppure… la Bibbia dei panini redatta da Florence A. Cowles nel 1907 ne era piena. Perché "Hamburger all'italiana" lo snobba? Perché troppo saporito, troppo "umido" e troppo complesso. Cuocere i funghi è un'arte a sé, che non può essere affrontata superficialmente in un ricettario di panini. E con questo, tacciamo. Gli appassionati possono aggiungerli, per esempio, al Vegetariano.

I cetrioli

Si apra il dibattito! Fresco o sott'aceto? Il dilemma è tale che le hamburgherie della Nazione si fanno battaglia su questo ingrediente. Noi lo ribadiamo: i cetriolini di tipo "gurke", quelli che gli inglesi chiamano "pickle", se correttamente conservati nell'hamburger, sono l'ideale. Ma chi non avesse accesso a conserve artigianali di alto livello, può comunque cercare cetrioli freschi, scegliendo i più piccoli, i più bitorzoluti, quelli dalle forme più accrocchiate e meno invitanti. Sono garanzia di succosità. In generale consigliamo di sbucciarli, ma possono essere messi nel panino anche con un fio di scorza.

La pancetta

Tradizionalmente con la parola bacon si indicata la pancetta (cioè la parte della pancia del suino) che viene cotta al vapore e poi affumicata. Ora, quello che tutti conosciamo è il bacon americano, che è a forma di strisce fini di color rosso, con abbondante grasso laterale. Ne esistono molti altri tipi (il bacon canadese, per esempio invece, non è affumicato, e viene ricavato da una parte diversa del suino, il lombo, ed è privo di grasso). Non facilissimo da rimediare in terra italica, solitamente i connazionali sostituiscono il bacon con la pancetta tagliata spessa, i più estrosi con il guanciale. Ma per l'hamburger perfetto, si richiedono olio o burro, una padella e delle fette di bacon americano alte non più di 3 mm.

La frutta

L'avocado

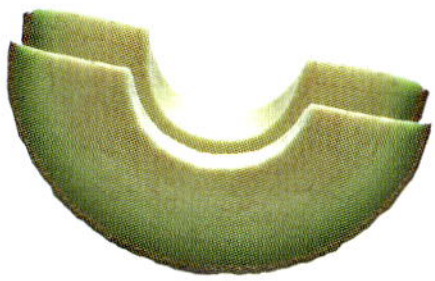

Che stravaganza. Questo frutto non italiano è così buono che non abbiamo resistito. Se ne trovano di due tipi, dalla buccia scura (quasi nera) e rugosa o dalla buccia verde chiara. Entrambi sono maturi quando si può fare con l'unghia una tacca facendo uscire un po' di verdissima polpa. Vanno mangiati in fretta! E non si deve aver paura di condire l'avocado: olio e sale sono compagni perfetti per questa dolcezza esotica.

Mela

Non è un caso che i proverbi parlassero di una mela al giorno. In casa non deve mai mancare questo frutto multistagionale e trasversale, che può essere utile per mille preparazioni. Noi lo abbiamo messo, per dire, nel ketchup o insieme alla cipolla a fare da contrasto. Tra le varietà di mele troverete molti nomi anglofoni: le americane si sono imposte sulle nostrane perché più invitanti e croccanti. Sarà quindi facile trovare le Golden (adatte per cucinare), le Stark (sconsigliate) o le Granny Smith (le più acide, volgarmente dette "mele verdi") e un po' più laboriosa la ricerca delle mele annurche o renette, le classiche usate per i dolci, buonissime anche nelle versioni autoctone (come la renetta grigia veneta o piemontese).

Gli abbinamenti

Il mondo delle bibite è così vasto che ci fa girare la testa. Ah, no. Dev'essere colpa della lattina bevuta preparando il nostro Classico.
Ma quello tra birra e panini è un amore che colma i boccali e non ha bisogno di dichiarazioni. Abbiamo esplorato questo mondo di luppolo e malto con l'aiuto di Luca Giaccone, curatore della "Guida alle Birre d'Italia" di Slow Food e abbiamo capito che – una volta superato lo scoglio culturale che ci vede sempre fedeli all'uva e alle sue gioie – l'abbinamento tra una bionda, una rossa, una Bock, una Weizen e uno dei nostri panini non è solo facile. È perfetto.

Le bionde

La Lager è amica della carne. Non è tanto la sua leggerezza, il tasso alcolico contenuto, il sapore di luppolo, il fondo amarognolo. È l'effervescenza a fare la differenza, quando si alza il boccale su un panino molto ricco. Le diffusissime Pilsner, quindi, abbinatele al Classico, al Panciotto, al Doppio burger, al Ciccioformaggio o ai Salsicciotti, facendo in modo da sgasarle meno possibile.

Birra artigianale? Perché no!

Nel 1996 ce n'erano solo 10. Oggi sono più di 500 i birrifici in attività e l'interesse verso la birra e i suoi maestri aumenta di giorno in giorno. Se, quindi, la preparazione di un "hamburger all'italiana" fosse l'opportunità di testare un birrificio locale, tanto meglio! Segnaliamo soprattutto le "birre del territorio", aromatizzate con prodotti tipici di ogni zona – ce n'é persino una al cardo gobbo che fanno a Nizza Monferrato, per dire – e quelle che esplorano i mille possibili legami con il mondo del vino: dall'uso del mosto, al passaggio in barrique.

Weiss e Blanche

Sarà una moda, ma questo tipo di birra inizia ad andare forte anche in Italia. I termini tedesco e francese vogliono dire la stessa cosa: bianca. Infatti queste birre di frumento sono più fruttate e chiare delle loro sorelle luppoline. Ve la facciamo breve: le Blanche stanno una meraviglia con gli hamburger di pesce, soprattutto con il delicatissimo nasello del Pescepane1. Per le Weiss, invece, ci facciamo guidare dai bavaresi, che le abbinano alla carne di pollo. Bevetene allora, in gran quantità, masticando un Pallid-o-pollo, un Cotoletta o un Tacchino.

Rosse e Stout

Si apre un mondo di possibilità, e questo diventa il territorio perfetto per far lavorare la fantasia dei birrai. Spesse, complesse, fruttate, le birre rosse sono un vero viaggio di sapori. Passiamo per un momento sopra i 6°. Una Bock, per esempio. Ma si può scegliere anche una birra italiana, magari proveniente da un birrificio artigianale. Questo tipo di bevuta è adatto a compagnie ben strutturate e dal gusto intenso come il Brioso, l'Universitario, il Giallo, Rosso o Verdone. Una birra con i malti caramellati si sposerà a meraviglia con il Pescepane2, soprattutto se sceglierete del salmone affumicato. Infine, se avete una doppio malto nel frigo, stappatela in onore dello Strolghino.

L'HAMBURGHERIA
di EATALY
EATALY incontra... "la granda"
facciamo
COSE BUONE

L'Hamburgheria di Eataly

Le ricette che trovate in queste pagine, i suggerimenti, le "dritte" sono frutto della collaborazione con L'Hamburgheria di Eataly.

Abbiamo scelto loro perché ci piace la loro filosofia: mangiare bene sempre, tutti i giorni, unire il fast al good con un occhio di riguardo al portafoglio.

Tra le numerose hamburgherie di qualità germogliate nel mondo e in Italia negli ultimi anni, L'Hamburgheria di Eataly è un'eccellenza: è l'unica infatti che può fare conto sulle straordinarie materie prime e sulla grande esperienza del gruppo fondato da Oscar Farinetti e diffusosi velocemente nel mondo (l'Eataly di New York è una delle destinazioni più amate dagli americani e dai turisti della Grande Mela).

Prodotti ed esperienza significa mettere nei propri panini la carne del Consorzio La Granda o lo strolghino, farsi inventare le ricette da Gabriele Bonci o da Moreno Cedroni, servire la birra Baladin e i dolci di Luca Montersino.

La prima Hamburgheria di Eataly è nata a Torino, lì dove è nato il primo Eataly. E come Eataly, si sta velocemente diffondendo in Italia e all'estero. Senza mai transigere sulla qualità (e sui prezzi accessibili).

A loro, i nostri migliori in bocca al lupo.
A voi, il nostro più sincero buon appetito.

www.hamburgheriadieataly.it

Ringraziamenti

Se finalmente l'hamburger all'italiana ha un libro tutto suo è grazie alla collaborazione di tanti amici, che non solo è doveroso ma soprattutto è bello ringraziare.

Primi tra tutti, i curatori, gli autori, i redattori, i grafici delle guide ai ristoranti "I Cento" (le trovate a Torino, Milano, Firenze, Genova, Roma e Bari): a forza di frequentarli, c'è venuta molta fame e voglia di mordere ulteriormente il goloso mondo della gastronomia.

Quindi i compagni di viaggio di Eataly e dell'Hamburgheria, per il loro fondamentale contributo alla realizzazione di questo libro. In testa Francesco Farinetti, cui seguono a una spanna Fabrizio Cardamone, Antonio e Federico Marasco e ancora Max Orsolini, Beppe Smedile, Marco "Franki" Prola, Irina Arghire, Barbara Roseo, Silvia Regina, Simona Mosca, Francesco Bruno, Cristina Parisi, Federico Cardamone, Giorgio Chiesa, Simona Milvo, Sergio Capaldo, Valeria Pansa, Massimo Pezzani, Gianni Giustetto, Fulvio Marino, Maurizio Pavan, le "Hamburgheria di Eataly" di Settimo Torinese, Bergamo, Rende (CS), Roma, Novara e Milano.

Giorgio Pellerino per l'impeccabile art direction; Gianni Ferrero Merlino e il suo gruppo, per le stilosissime fotografie.

Infine, un grande, affettuoso abbraccio a sette persone straordinarie che ci hanno insegnato una bella lezione: non esistono una cucina alta e una bassa, ma solo una buona e una cattiva cucina. Per cui un grande chef o un grande ristoratore abituati ai cieli siderali della top gastronomy possono divertirsi e cimentarsi con un piatto pop come l'hamburger. Dunque un grazie vero a Joe Bastianich, Kim Reed, Moreno Cedroni, Luca Montersino, Gabriele Bonci, Alessandro Frassica e a un uomo che a Torino, la nostra città, ha lasciato un segno indelebile: Alessandro Del Piero.

Buon panino a tutti.

I miei panini

I miei panini

I miei panini